오늘 속에 내일

오늘속에 내일

초판 1쇄 인쇄일 2016년 02월 06일
초판 1쇄 발행일 2016년 02월 16일

지은이 | 서범석
편 집 | 이동준
펴낸이 | 김양수
디자인 | 박정영
펴낸곳 | 도서출판 맑은샘
주소 경기도 고양시 일산서구 중앙로 1456 604호(주엽동 18-2)
대표전화 031.906.5006 팩스 031.906.5079
이메일 okbook1234@naver.com
홈페이지 www.booksam.co.kr

ISBN 979-11-5778-108-9 (03810)
가격 : 11,000원

「이 도서의 국립중앙도서관 출판시도서목록(CIP)은 서지정보유통지원
시스템 홈페이지(http://seoji.nl.go.kr)와 국가자료공동목록시스템
(http://www.nl.go.kr/kolisnet)에서 이용하실 수 있습니다.
(CIP 제어번호: CIP2016003830)」

* 저작권법에 의해 보호를 받는 저작물이므로 저자와 출판사의 동의 없이 내용의
일부를 인용하거나 발췌하는 것을 금합니다.
* 파손된 책은 구입처에서 교환해 드립니다.

오늘속에 내일

笑天 서범석 지음

초대의 글

세상에는 주님의 호흡이 있어
만물이 새롭고
과거에는 주님의 흔적이 있어
오늘이 은혜로 새롭습니다.

세상의 호흡으로 시원하고,
과거의 흔적으로 감사하며
오늘을 새롭게 살아가려는 작은 몸부림들이
제 인생이 되어 갑니다.

주님을 탐구하는 것을 내려놓고
주님을 살아내려고 하니
하나님의 음성이 들리기 시작했습니다.

저를 통해서 말씀하시고자 하는 주님의 마음을
담아내는 음성이 되고자 하는 마음으로
책을 출간합니다.

제가 어느 순간 돌아보니
떠났던 곳에서 멀리 와 있는 것을 봅니다.
앞으로 더 경이로운 여행이 남아있지만,
여기까지 온 이야기들을 순차적으로 담아냅니다.

함께 공감하고
자신의 고백이라면 감사하고,
아니라면 다른 세상을 엿보는 기회가 되기를 바랍니다.

예수님 없이는 아무 것도 할 수 없는 인생을 기도하며
하늘을 언제나 기쁨으로 대화하는 사람.

笑天 **서범석**

Contents

말씀의 세상	10
하나님을 감동시키는 사람	13
그것이 너와 무슨 상관이냐?	16
성벽을 쌓으라	19
빛으로 어두움을	22
믿음으로 누리는 나라	25
그게 전부가 아닙니다	28
믿으면 보리라	31
하나님의 신실하심	34
바꾸어가는 기쁨	37
마음보기	40
하나님으로 빚어져 감	42
내 소망에 있는 하나님의 소망	45
제자 됨	48
쏟는 행복	52

죽음으로 이기다	55
기도의 목장을 만들라	59
중보기도	62
여전히 남아 있는 옛사람	65
승리하는 생명	68
우리가 아직 죄인 되었을 때에	71
하려고 하지 마십시오!	74
기도의 행복	77
무교병을 먹다	81
성육신과 영성생활	84
광야 경험	87
상대하기	90
머무르지 않습니다	93
기도, 하늘 문을 열다	96
기도, 변화산	99

내면 보기	102
내 안에 있는 하나님 나라	105
사랑 확인	107
믿음을 새롭게	110
오늘 속에 있는 내일	113
마음의 비명소리	117
기도와 불쌍한 사람	120
응답이 되어 주는 삶	123
믿음	126
법을 지나서	129
보이려고 살지 않습니다	132
가진 것으로 시작합니다	135
있어서 더욱 쉽습니다	138
기도와 그리기	142
세상의 짐을 거부함	145

쉽게 살다	*149*
믿음에서 당신의 몫	*152*
내 인생 이야기하기	*155*
변화의 시작, 나에 대한 생각	*158*
나보다 하나님	*161*
지식과 믿음	*164*
만남	*167*
목적과 행복	*170*
되는 인생	*173*
당신을 무대 앞으로 초청합니다	*176*
신앙생활 실패를 위한 권면	*179*
성숙한 믿음 생활을 위한 제안	*181*
경건한 교제	*183*
인생 정원	*186*
갈비뼈에서 하와가 나오다	*189*

말씀의 세상

여호와여 원하건대 그의 눈을 열어서 보게
하옵소서 (왕하6:17)
믿음은 바라는 것들의 실상이요
보이지 않는 것들의 증거니 (히11:1)

　　　자신의 생각이 만든 세상에 갇혀 살아가는 사람들이 있습니다.
자신의 생각으로 모든 것을 판단합니다. 자신의 생각에서 받아들일
수 있는 것을 진리라고 생각하고, 자신의 생각을 넘어서는 것은 거
짓으로 판단합니다. 그들은 자신의 성을 쌓고 스스로 갇혀서 사는
것입니다. 그들이 사는 세상의 크기는 그들의 생각의 크기와 같습
니다. 이들은 마치 조간신문을 펼쳐들고 세상의 모든 것을 논하는

사람들과 같습니다. 자신의 짧은 지식과 경험으로 세상의 모든 것을 판단한다는 것은 얼마나 어리석은 일입니까? 그런데 그렇게 살아갑니다. 스스로의 세상에서 왕이 되어 살아갑니다.

말씀이 증거하는 세상을 받아들이십시오. 판단하기 이전에 그 세상이 있음을 받아들이십시오. 내 생각이 만들어낸 세상이 아니라, 창조주 하나님께서 말씀하시는 그 세상을 받아들이십시오. 말씀이 증거하는 세상을 참으로 받아들이고, 그 세상을 인정하고 선포하고 살아가는 것이 성도들의 능력 있는 삶입니다.

엘리사 선지자와 그의 종 게하시가 도단성에 아람군대에 의해 갇히게 되었습니다. 게하시는 도단성을 포위하고 있는 수많은 군대를 보고서는 두려웠습니다. 그러나 엘리사 선지자는 평안합니다. 엘리사 선지자는 그 도단성을 포위하고 있는 아람 군대보다 더 많은 불병거와 불말을 보고 있었기 때문입니다. 엘리사 선지자는 게하시를 위하여 하나님께 기도합니다. "여호와여 원하건대 그의 눈을 열어서 보게 하옵소서(왕하6:17)." 그때 그도 엘리사가 보았던 그 군대를 보게 되었습니다.

게하시가 보기 전부터 하나님의 군대는 그를 보호하고 있었습니다. 이 사실을 보고 받아들일 때, 그는 두려움을 떨치고 평안할 수 있었습니다. 태초부터 하나님께서는 이 세상에 대해서 말씀하셨습니다. 그런데 사람들은 없는 세상을 만들어 냈습니다. 그리고 마치 그것이 진리인양 그 안에서 살아왔고, 말씀이 증거하는 세상을 부인하여 왔습니다. 이제 하나님이 말씀하신 세상을 살아가십시오.

이 말씀의 세상에 들어가는 길이 있습니다. 이 길이 곧 믿음입니다. 이 말씀이 이야기한 세상을 믿으면 그 세상을 살아가게 됩니다. 이 세상은 믿음이 없으면 볼 수 없고, 만질 수 없고, 들을 수 없습니다. 오직 믿음으로 살아갈 수 있는 세상이며, 믿음만 있으면 또한 나타나는 세상입니다. 믿음으로 하나님이 말씀하신 세상에 들어가십시오. 하나님께서 말씀하신 세상에 대해서 믿음을 가지십시오. 그 세상의 복을 누리며 사십시오. "믿음은 바라는 것들의 실상이요 보이지 않는 것들의 증거니(히11:1)." 보이지 않는 말씀의 세상에 들어가는 것은 믿음입니다. 믿음으로 말씀의 세상에 들어가십시오.

하나님을 감동시키는 사람

> 나는 백향목 궁에 살거늘
> 하나님의 궤는 휘장 가운데에 있도다 (삼하7:2)
> 이스라엘 어느 지파들 가운데 하나에게 내가 말하기를
> 너희가 어찌하여 나를 위하여 백향목 집을
> 건축하지 아니하였느냐고 말하였느냐 (삼하7:7)

"나는 백향목 궁에 살거늘 하나님의 궤는 휘장 가운데에 있도다(삼하7:2)." 다윗왕은 하나님 앞에서 미안한 마음을 가졌습니다. 자신이 거처하는 왕궁은 화려한데, 하나님의 장막이 너무 초라한데 대한 미안한 마음이었습니다. 하나님은 이러한 다윗왕의 마음에 크게 감동되셨습니다.

"이스라엘 어느 지파들 가운데 하나에게 내가 말하기를 너희가 어찌하여 나를 위하여 백향목 집을 건축하지 아니하였느냐고 말하였느냐(삼하7:7)." 하나님께서는 어느 누구에게도 성전 건축을 명하지 아니하였지만, 다윗왕은 그 마음을 가졌던 것입니다. 어느 누구도 생각지 못하고 있던 것을 느끼고 있었던 것입니다. 주님께서 명하신 그 이상을 생각하고 있었습니다. 이 마음에 감동되신 하나님은 다윗에게 존귀한 이름을 약속하셨고, 그 왕위가 자손들에게까지 이어져 갈 것이며, 그 나라가 영원히 보전 될 것이라고 약속하셨습니다. 실상 다윗왕은 아무 것도 한 것이 없는데, 그의 선한 소망이 하나님을 감동시킨 것입니다.

요구하신 것 이상을 하여 하나님을 감동시킨 믿음의 선진들이 있습니다. 죽기까지 기도하기를 쉬지 않겠다고 결단했던 사무엘 선지자, 옥합을 깨뜨려 예수님을 기쁘시게 했던 여인, 자신의 재산의 절반을 나누어 주겠다던 삭개오... 하나님 앞에서 최소한으로 살지 않고 최대한으로 살려고 힘썼던 사람들입니다. 그렇게 하지 않아도 책망 받지 않을 터이지만, 하나님 앞에서 그들의 최고의 믿음의 고백을 드렸던 사람들입니다.

이들은 하나님의 마음을 읽을 줄 아는 사람들입니다. 하나님의 눈이 가는 곳에 눈이 가고, 하나님의 마음이 가는 곳에 마음이 가고, 하나님이 뜻을 두신 곳에 뜻을 두는 사람들입니다. 성령의 감동을 소멸하지 않는 사람들입니다. 하나님이 명하셨기 때문에 일하는 것이 아니라, 하나님을 위해 일한다는 자체가 기쁨이 되는 사람들입니다. 순종이 말씀의 최대한을 사는 것이라고 한다면, 하나님을 감동시키는 것은 그것 이상을 살아가는 것입니다.

하나님의 성도들이여! 당신의 기도나 봉사나 헌신이나 순종이 하나님을 감동시킬 만한 것이기 바랍니다.

그것이 너와 무슨 상관이냐?

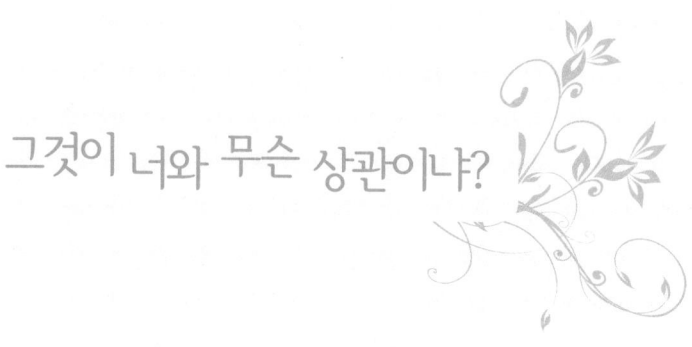

외적인 상황이 우리의 순종을 좌절시키려할 때
이렇게 외치십시오.
"그것이 나와 무슨 상관이 있는가?"
우리는 그냥 가야할 길로 가면 됩니다.

목회하는 교회가 1만 명인 것이 나와 무슨 상관이 있으며, 10명인 것이 나와 무슨 상관이 있겠습니까? 주님께서 맡기신 일에 그냥 충성을 다할 뿐입니다. 맡기신 이가 다섯 달란트를 받았다고 교만할 필요도 없고, 한 달란트 받았다고 낙심할 필요가 없는 것은, 나는 그저 종 일 뿐이기 때문입니다.

예수님께서는 이런 이야기를 하셨습니다. 종이 밭에서 일을 하다가 지쳐서 돌아왔을 때, 주인이 그 종에게 "앉아서 먹으라" 말하는 대신에 도리어 먹을 것을 준비하고 주인이 식사하는 동안에 시종들라고 한다는 것입니다. 종이 주인의 그 말대로 했다고 해서 주인이 상을 주지 않더라도, 종은 주인에게 이렇게 말하는 것이 당연하다는 것입니다. "우리는 무익한 종이라 우리가 하여야 할 일을 한 것뿐이라 할지니라(눅17:10)."

나는 많이 일해도 종이고 적게 일해도 종이며, 많이 가져도 종이고 적게 가져도 종입니다. 다른 종들이 쉬고 있는데도 주인이 일하라고 하더라도 그것이 종이 불평할 일이 아니라는 것입니다. 다른 사람이 게으르다는 것이 내가 일하지 않을 이유가 되지 못합니다. 다른 사람이 일하지 않고 칭찬과 복을 받았는데, 하나님께서 내게 아무런 복을 주시지 않더라도 내가 주님께 순종하지 않을 이유가 되지 못합니다. 그저 우리는 주님께서 말씀하신대로 행하는 것으로 즐거워하고 기뻐해야 할 종입니다.

사도 바울이 예루살렘으로 올라가던 중 아가보라는 예언자를 만났습니다. 아가보는 사도 바울에게 예루살렘에 올라가면 붙잡혀 이방인들에게 넘겨질 것을 예언하였습니다. 사람들은 이 예언을 듣고 예루살렘으로 올라가지 말라고 권하였습니다. 그때 사도 바울은 말합니다. "나는 주 예수의 이름을 위하여 결박 당할 뿐 아니라 예루살렘에서 죽을 것도 각오하였노라(행21:13)." 능력이 없고 은사가 없어도 자신이 가야할 길이기에 간 것입니다. 이 부르심에 순종하는 믿음은 어떤 것도 보지 않습니다. 이제 주님 외에 다른 어떤 것에도 영향을 받지 않는 믿음입니다.

부활하신 예수님께서는 베드로 사도에게 "원치 아니하는 곳으로 데려가리라(요21:18)" 말씀하시자, 베드로 사도는 옆에 있는 사도 요한을 가리키면서 "이 사람은 어떻게 되겠습니까?" 라고 묻자 이렇게 대답하셨습니다. "... 네게 무슨 상관이냐? 너는 나를 따르라." 이것이 순종의 믿음입니다. 주님 외에는 다른 것에 관심 갖지 않습니다. 형편과 처지가 달라지더라도, 우리는 여전히 주님의 종일 뿐입니다.

외적인 상황이 우리의 순종을 좌절시키려할 때 이렇게 외치십시오. "그것이 나와 무슨 상관이 있는가?" 우리는 그냥 가야할 길로 가면 됩니다. 다른 사람이 늦게 가더라도 속도를 늦춰서는 안되고, 빨리 가더라도 좌절할 필요가 없습니다.

성벽을 쌓으라

성벽이 견고할수록
성전은 견고하게 지켜지고,
성전은 평화합니다.
그 안에 영적인 예배를 드리게 됩니다.

예루살렘 주변으로는 성벽이 쌓여있습니다. 성벽은 적들로부터 성전을 지키는 역할을 합니다. 성벽에 쌓인 벽돌이 잘 연결되어져야 그 성벽은 견고하여집니다. 벽돌의 크기가 다르고 성격이 달라도 괜찮습니다. 이웃하는 벽돌과 잘 연결되어 있으면 견고합니다. 성벽이 견고할수록 성전은 견고하게 지켜지고, 성전은 평화합니다. 그 안에 영적인 예배를 드리게 됩니다.

성벽은 성도들의 견고한 믿음의 관계입니다. 교회의 거룩함과 성도들의 건강한 믿음 생활은 이 성도간의 믿음의 관계에 큰 영향을 받습니다. 자신의 믿음이 아무리 탁월하다 하더라도 성도들과 좋은 믿음의 관계를 형성하지 못하면, 그 좋은 믿음을 지켜나갈 수 없습니다. 이렇게 잘 연결되어진 그 성벽 안에서, 즉 그 성도의 관계 안에서 예루살렘은 견고하게 세워져 갑니다. 하나님의 나라는 화평으로 연결되어진 성도의 관계 안에 세워져 갑니다.

　　성전이 지어졌거든 이제 성벽을 쌓으십시오. 자신과 그리스도의 관계가 생명줄로 잘 연결되어 있거든, 서둘러 성도들과 믿음의 평화의 줄로 잘 연결되도록 하십시오. 은혜가 교통되고, 믿음이 교통되고, 생명이 교통되어지는 관계를 만들도록 하십시오. 그것이 당신의 믿음을 지키는 방법입니다. 기도로 연결되어지고, 헌신과 봉사로 연결되어지고, 믿음의 언어로 연결되어진 성벽은 아무리 강한 믿음의 도전이 오더라도 무너지지 않습니다. 혼자서 하는 믿음 생활은 자신의 믿음의 보배를 결코 지킬 수 없습니다.

　　또한 이 성벽은 하나로 연결되어 있어야 합니다. 그리스도의 사랑으로 연결되어 있어야 합니다. 군데군데 무더기로만 되어 진 성벽은 제 구실을 하지 못합니다. 이런 모임 저런 모임으로만 남아 있는 것은 믿음의 성벽이 되지 못합니다. 모든 모임들이 하나로 연결되어, 한 믿음과 한 소망과 한 사랑으로 연결되어 있어야 합니다.

이것은 누구를 지켜주기 위해서가 아니라, 스스로를 지키는 방법입니다. 나를 위해서 연결되어 있는 것이 아니라, 다른 성도를 위하여 연결되어 있을 때 견고한 성벽이 됩니다. 나만을 위해서 연결되어지는 것들은 성벽이 되지 못하며, 성벽이 되더라도 견고하지도 못합니다. 서로를 위해서 연결되어진 성벽은 견고하여 '우리'를 지킵니다. '우리'가 없는 '나'는 쉬이 사라집니다. '나'는 '우리' 속에서 건강한 것입니다. '우리'라는 견고한 성벽이 되어 가십시오. '나'를 극복한 '우리' 속에서 '참 나'를 발견하십시오. "또 여기 있다 저기 있다고도 못하리니 하나님의 나라는 너희 안에 있느니라(눅17:21)." '우리'라는 관계 속에 하나님의 나라는 이루어져 갑니다.

빛으로 어두움을

어두움은 어두움으로 이기는 것이 아닙니다.
어두움은 빛으로 이기는 것입니다.

문제에 집중하지 않고, 그리스도께 집중하십시오. 산더미 같은 문제가 겨자씨 만하게 되도록 그리스도께 집중하도록 하십시오. 기도를 하면서 어떤 이들은 문제를 키우는 잘못을 범합니다. 기도는 문제에 집중하는 것이 아니라, 하나님의 능력과 풍성함에 집중하는 것입니다. 기도는 문제의 해결 방법에 집중하는 것이 아니라, 하나님의 사랑에 집중하는 것입니다. 기도할 때 문제에 집중하여 기도하는 성도는 나중에 겨자씨 만한 문제로 시작하여, 산더미와 같은 근심을 가지고 기도를 마칩니다. 기도를 시작할 때에는 부자였다가, 기도 후에는 가난한 자가 되어 일어납니다. 기도는 하나님께 집중하는 것입니다. 크신 하나님께 집중하다 보면 문제는 작아지고, 평강이 임합니다. 하나님께 집중할 때 근심이 변하여 평강이 됩니다.

어두움은 어두움으로 이기는 것이 아닙니다. 어두움은 빛으로 이기는 것입니다. 마귀와의 싸움도 그렇습니다. 영적인 싸움은 마귀에 집중하는 것이 아니라, 주님의 사랑과 능력에 집중하는 것입니다.

기독교적 영성은 철저하게 채움의 영성입니다. 예수 그리스도로 채워지면, 우리에게 있던 어두움의 일들은 떠나가게 됩니다. 나를 비우려고 힘쓰는 대신에 그리스도를 채우려고 힘쓰는 것이 기독교적이지 않을까 생각합니다. 반면 동양의 영성은 비움의 영성입니다. 내 안에 있는 악한 것들을 비우고 깨끗케 하려는 영성입니다. 그러나 완전한 비움은 있을 수도 없거니와 설사 비워지더라도 빈 집은 오래 가지 못합니다. 그리스도인들은 그냥 그리스도를 채우기만 하면 됩니다. 예수 그리스도의 영으로 우리의 모든 부분에 채워가는 것입니다. 그분이 오시면 어두움은 자연스럽게 물러가게 되어 비워집니다. 채움을 통한 비움이 완성되는 것입니다.

부정을 부정으로 이기려고 하거나 긍정으로 이기려고 하지 마십시오. 그냥 긍정으로 채워가십시오. 긍정의 충만함이 이루어지는 자리에 부정은 사라집니다. 빛이 충만한 자리에 어두움은 사라집니다. 하나님을 향한 긍정은 우리를 향한 부정으로 귀결됩니다. 하나님을 긍정하십시오. 하나님께 집중하십시오. 우리 안에 있는 일들이 겨자씨만하여 지도록, 그리하면 그 겨자씨를 옮기는 것은 너무나 쉬운 일이 될 것입니다.

마귀를 책망하고 대적하되, 더불어 싸우려고 하지 마십시오. 빛을 선포하되 어두움과 더불어 싸우려고 하지 마십시오. 거짓과 싸우려고 하다보면 이길 수는 있으나 잃는 것이 많습니다. 그냥 진리로 충만케 하십시오. 거짓은 물러갈 것입니다. 문제에 집중하지 않고, 그리스도께 집중하는 삶이 곧 이기는 삶입니다.

믿음으로 누리는 나라

하나님의 나라가 가까이 왔으니
회개하고 복음을 믿으라 (막1:15)

"하나님의 나라가 가까이 왔으니 회개하고 복음을 믿으라(막 1:15)." 예수님은 하나님의 나라를 이 땅에 이루기 위해서 오셨습니다. 그 나라는 십자가와 부활을 통해서 이루어졌습니다. 이 나라는 하나님의 다스림을 받는 나라이며, 하나님의 생명과 은혜로 충만한 나라입니다. 예수님은 이 나라의 왕이시고, 우리는 그분의 백성입니다. 예수님은 그 하나님 나라에 속한 것들을 제자들에게 보여주셨습니다. 생명과 치유와 감사와 해방과 자유와 진리와 은혜... 이 모든 것들은 하나님 나라의 모습들입니다.

하나님의 나라는 세우는 것이 아니라, 들어가는 것입니다. 우리나라의 시민권만 있으면 우리나라 국민으로서 모든 권리를 누림 같이, 우리가 하나님 나라의 백성만 되면 그 나라의 모든 것은 내가 누릴 수 있는 것이 됩니다. 하나님 나라의 백성으로 그 나라의 모든 특권을 누릴 권리를 갖게 되는 것입니다. 이것이 "영접하는 자 곧 그 이름을 믿는 자들에게 갖게 되는 하나님의 자녀의 권리(요 1:12)"입니다.

지금 우리는 그 나라 안에 이미 들어가 있습니다. 그분의 다스림과 용서와 은혜 안에 있습니다. 예수님은 이 나라를 "다 이루셨습니다(요19:30)." 그 나라 안에 있는 사람은 그 나라를 인정하고 살아가면 됩니다. 주님께서 하신 말씀 그대로 이루어졌음을 받아들이고 누리면 됩니다. "네 죄사함을 받았느니라" 말씀하시므로 기뻐하면 됩니다. "평안하라" 말씀하시므로 그냥 평안하면 됩니다. "성령충만을 받으라" 말씀하시므로 성령충만을 받으면 됩니다. "무엇을 어떻게 받아야 될까요?" 궁금해 할 필요가 없습니다. 그냥 받아들이는 것이 방법입니다. 즉 믿음이 그 나라를 살아가는 방법입니다.

그 하나님의 나라는 "의와 평강과 희락"입니다. 하나님의 뜻이 이루어지는 것이 의요, 하나님의 공급과 보호 안에 머무르는 것이 평강이요, 하나님을 기뻐함이 희락입니다. 인종이나 학벌이나 지연과도 상관이 없습니다. 그냥 그분께 붙어있으면 그 나라 백성이 됩니다. 이 나라가 곧 교회입니다. 교회는 하나님의 나라입니다. 교회는 하나님의 다스림을 받고, 그분의 모든 것이 충만한 곳입니다. 우리는 이 교회 안에 있는 하나님의 백성입니다. 우리에게 필요한 것은 우리가 그분의 나라에 살고 있음을 믿음으로 받아들이고, 그냥 살아가는 것입니다.

그게 전부가 아닙니다

믿음이 충만할 때에는 신앙생활 전부가 행복하다고 말하지만,
그렇지 않을 때에는 그렇게 즐겁게 하던 일들도
힘들어 하는 경우가 있습니다.
그럴 때에는 그냥 넘어가 주는 것이 지혜입니다.
언젠가 그의 믿음이 회복될 때,
다시 즐거워할 것입니다.
인내를 가지고 조금만 기다려주십시오.

부분을 전부인 것처럼 생각하지 마십시오. 부분은 부분일 뿐이고, 전부는 아닙니다. 어떤 사람의 일부분을 그 사람의 전부인 것처럼 판단하는 것은 참으로 어리석은 일입니다. 친구에게 보이는 허물 하나 때문에 친구를 원수로 만드는 경우도 있고, 원수에게 보이는 선한 부분 하나 때문에 원수를 친구로 만드는 경우도 있습니다. 사람의 눈이 볼 수 있는 것이 지극히 적어서 눈으로 보이는 것으로

만 판단한다면 분명 바르게 판단할 수가 없습니다.

　부부 싸움을 하면서 "당신과 결혼한 것을 후회해!"라고 말할 수 있습니다. 이 말은 싸울 때의 마음입니다. 그 상황에서 나온 이 말을 그 사람 마음의 전부를 이야기하는 것처럼 받아들인다면, 그 부부 싸움은 파경에 이르게 됩니다. 그러나 실상 부부 싸움이 끝나고 화해를 하면, 언제 그런 마음을 가졌는가 싶게 잊어버립니다. 만약 부부 싸움하면서 했던 그 한 마디의 말이 본래 아내의 마음이라고 받아들이고 괴로워한다면 얼마나 미련한 사람입니까? 그때 그 마음은 싸울 때의 마음이지 본래의 마음이 아닙니다. 그 시기가 지나면 그 마음은 사라집니다. 그 일부분을 붙잡지 마세요. 작은 말 하나를 너무 마음에 깊이 담아두지 마십시오. 섭섭한 말 한마디를 마음에 두어서 사람을 잃지는 마십시오. 전체로서 그 사람은 아주 훌륭하고 좋은 사람일 경우가 훨씬 많습니다.

　말할 때 너무 극단적으로 말하거나 일반화시켜서 말하지 마십시오. "매사가 그 모양이야!", "너는 항상 그래!" 이런 표현은 부분을 전부인 것처럼 생각하고 도매금으로 넘기는 말들입니다. 좋을 때도 있고, 좋지 않을 때도 있습니다. 좋은 모습을 보거든 "이 사람의 현재 상태가 좋구나!"라고 생각하면 되고, 좋지 않은 모습을 보거든 "이 사람의 현재 상태가 좋지 않구나!"라고 여기면 됩니다. 그것이 그 사람의 전부가 아닙니다.

믿음 생활도 그렇습니다. 믿음이 충만할 때에는 신앙생활 전부가 행복하다고 말하지만, 그렇지 않을 때에는 그렇게 즐겁게 하던 일들도 힘들어 하는 경우가 있습니다. 그럴 때에는 그냥 넘어가 주는 것이 지혜입니다. 언젠가 그의 믿음이 회복될 때, 다시 즐거워할 것입니다. 인내를 가지고 조금만 기다려주십시오.

작은 소리를 너무 크게 듣지 마십시오. 어리석은 사람은 남이 지나가며 흘린 말 한마디 때문에 괴로워하고, 무심코 상대방이 했던 말로 그 사람의 마음을 판단해 버리고 힘들어 합니다. 잠깐 그 말을 묻어두십시오. 머지않아 다시 그의 입에서 좋은 소리를 듣게 될 것입니다. 그는 지금 만들어져가고 있습니다. 골짜기를 지나며 힘들어하는 것이지 그가 당신을 힘들어하는 것이 아닙니다. 골짜기를 지나 다시 등성이로 올라오면 다시 밝은 얼굴을 보게 될 것입니다. 그는 지금 '진행 중'입니다. 내일은 허물들이 덮여질 것이고, 사라질 것이고, 거룩하여질 것입니다. 판단하기 전에 조금만 기다리고 그를 인내하십시오.

믿으면 보리라

손을 내밀 때, 그 손이 힘을 얻습니다.
손을 내밀기 전까지는 어떤 일도 일어나지 않습니다.
당신에게 어떤 변화가 일어나지 않아도
그냥 말씀대로 순종할 때에
말씀이 진리라는 사실을 발견하게 됩니다.

　　사람들은 보면 믿겠다고 말합니다. 그러나 주님은 믿으면 보리라고 말씀합니다. 믿음은 진리를 발견할 수 있는 힘입니다. 믿음이 없다면 진리는 영원히 발견되지 않습니다. 또한 믿음은 진리를 통하여 확인되는 것입니다. 믿음은 진리를 누리는 힘입니다. 믿음으로 행동하십시오. 그리하면 진리를 확인하는 기쁨을 누리게 됩니다.

시에라리온은 다이아몬드가 많이 나는 나라입니다. 우리나라에서 그 나라를 다녀온 사람은 많지 않습니다. 그러나 그 나라가 있다는 것을 의심하는 사람은 없습니다. 자신이 보지 않았으면서도 그 나라를 받아들인 것입니다. 보지 않았기 때문에 믿지 못한다는 말은 거짓입니다. 우리의 삶의 대부분은 보지 못한 것을 받아들이며 살기 때문입니다.

한편 손 마른 사람에게 예수님께서 "네 손을 내밀라" 말씀하셨습니다. 그 사람은 다른 모든 것은 할 수 있지만, 그 손을 내미는 것만은 할 수 없는 사람입니다. 보통 사람의 경우 "손을 내밀라"는 예수님을 말씀을 들을 때 어떻게 반응할까요? "예수님 제가 손을 내밀 수 없어서 왔는데요. 제 손에 힘을 주신다면 제가 손을 내밀겠습니다. 저를 고쳐주신다면 내밀겠습니다."라고 항변할 것입니다. 그러나 예수님은 이렇게 말씀하십니다. "손을 내밀라" 이 말씀 안에는 "네가 손을 내밀어야 고쳐지지 않겠느냐? 손을 내밀지 않으면 비록 고침을 받았더라도 어떻게 확인할 수 있겠느냐? 네가 손을 내밀 때까지는 내 구원을 확인할 수가 없을 것이다." 손을 내밀 때, 그 손이 힘을 얻습니다. 손을 내밀기 전까지는 어떤 일도 일어나지 않습니다. 당신에게 어떤 변화가 일어나지 않아도 그냥 말씀대로 순종할 때에 말씀이 진리라는 사실을 발견하게 됩니다.

예수님이 "평안하라"하시면 그냥 평안하십시오. 다른 모든 것을 그 말씀 아래 복종시키십시오. 감정과 생각까지도 복종시키십시오. 이때 믿음은 이렇게 일합니다. "평안하라"는 말씀 안에서 모든 것을 새롭게 봅니다. 평안하게 보고 평안하게 받아들입니다. 그 말씀에 믿음을 보이니, 모든 것이 평안해 지는 것입니다. 이때 많은 사람들이 이렇게 반응할 것입니다. "아직 아무 문제도 해결되지 않았는데 어떻게 평안하겠습니까? 평안할 수 있도록 해결해 주세요." 그러나 주님은 어떤 환경도 바꾸시지 않고 그냥 "평안하라" 말씀하십니다. 주님은 평안의 환경을 주시기 전에, 평안을 주시는 분입니다. 주님은 근심할 상황을 없애기 전에, 근심을 없애는 분입니다.

"주님. 저는 이래서 하지 못합니다." 라고 말할 때, 주님은 당신에게 이렇게 말씀합니다. "그러니까 믿음으로 해야지!"

하나님의 신실하심

어떤 기도는 무조건 응답하시고,
어떤 기도는 아무리 해도 응답지 않으시는
그런 분이 아니십니다.
하나님은 언제나 같은 사랑으로
우리를 사랑하십니다.
다만 각자에게 가장 적합한 방법으로
인도하실 뿐입니다.

　　중학교 다닐 때에 방학 때면 학생들이 함께 기도원을 찾아서 기도하곤 했습니다. 어느 저녁 집회 때에 말씀을 전하던 목사님이 몇몇 젊은이들을 일으켜 세웠습니다. 장차 목회자들이 될 사람들이라고 하면서 축복하겠다고 하였습니다. 저는 이미 그때 목사가 되겠노라고 서원했기 때문에 당연히 저를 알아볼 줄 알았습니다. 그런데 저를 불러 세우지 않는 것입니다. 그때 저는 매우 좌절했습니다. "분명 하나님의 종이 되겠노라고 서원했는데, 하나님께서 나를 알아보지 못하시면 그럼 나의 서원은 헛된 것이란 말인가?" 나이가 들어서 깨달았습니다. 그때 하나님께서 저를 불러 일으켜 세우셨다면 저는 엄청나게 교만한 자가 되었을 것입니다. 그 일이 있은 후 저는 더욱 주님의 은혜를 사모하게 되었고, 더욱 목사가 되고자 하는 열망을 갖게 되었습니다. 하나님께서는 제게 가장 적합한 방법으로 저를 인도하셨습니다.

어떤 이들은 신앙생활을 시작 한지 얼마 되지 않아서 갖가지 은사를 받는데, 어떤 이들은 오랜 믿음 생활 가운데에서 은사를 사모하였는데도 은사를 받지 못합니다. 저도 오랫 동안 특별한 은사 받기를 원했습니다. 그러나 그 은사를 받을 수 없었습니다. 그때 저는 하나님께서 차별하여 사람을 사랑하신다고 생각하게 되었습니다. 이제 막 믿음 생활을 시작한 제 친구에게는 제가 그렇게 원하던 은사를 너무나 쉽게 주시고, 저는 그렇게 소원하였지만 주시지 않았기 때문입니다. 그러나 그것이 아니라는 것을 나중에 알았습니다. 하나님께서는 그 사람의 믿음과 환경과 여러 조건에 가장 적합한 방향으로 우리를 채우시며, 인도하십니다.

하나님은 언제나 신실하신 분입니다. 기도하는 자에게는 어느 누구에게나 응답하시고, 회개하는 자는 누구나 용서하시는 분입니다. 여기에는 차별이 없습니다. 이 사실을 믿음으로 받아들인 후에 저는 큰 평안을 얻었습니다. 어떤 사람은 무조건 좋게 보시고, 어떤 사람은 무조건 좋지 않게 보시지 않으십니다. 어떤 기도는 무조건 응답하시고, 어떤 기도는 아무리 해도 응답하지 않으시는 그런 분이 아니십니다. 하나님은 언제나 같은 사랑으로 우리를 사랑하십니다. 다만 각자에게 가장 적합한 방법으로 인도하실 뿐입니다.

바꾸어가는 기쁨

신앙의 성숙은 바꾸어가는 것입니다.
옛 것을 새 것으로,
내 것을 주님 것으로,
땅의 것을 하늘의 것으로
바꾸어가는 것입니다.

    신앙의 성숙은 바꾸어가는 것입니다. 옛 것을 새 것으로, 내 것을 주님 것으로, 땅의 것을 하늘의 것으로 바꾸어가는 것입니다. 이것을 성화라고 합니다. 내 것으로 살다가 주님의 것으로 바꾸어 살아가는 것이 성화입니다.

    결혼생활의 큰 기쁨 중에 하나는 서로가 기뻐하는 것으로 채워가고 바꾸어가는 기쁨입니다. 서로가 기뻐하는 가구, 책, 그릇, 화

분 그리고 새집으로 채워갑니다. 숟가락 하나 새 것으로 바꾸는 것도 즐겁고, 새로운 화분 하나 들여놓는 것도 즐겁습니다.

천국은 그냥 채워지는 것이 아니라, 옛 것을 가지고 와야 새 것으로 바꾸어 채워집니다. 밭에 감추어져 있는 보화를 얻기 위해서 자기의 모든 소유를 팔아 그 밭을 사는 것입니다. 옛 것을 그냥 둔 채 새 것을 살 수도 없을 뿐더러, 살 수 있다 하더라도 옛 것과 섞여 있는 새 것은 그 온전한 기쁨을 주지 못합니다.

회개는 바꾸어 가는 것입니다. 강퍅한 마음을 가져와서 부드러운 마음으로 바꾸어가고, 미움을 사랑으로 바꾸어가고, 교만을 겸손으로 바꾸어가는 것입니다. 버려야 할 것을 분명히 가져오고, 반드시 새 것으로 바꾸어야 합니다. 하나씩 새 것으로 채워가는 것은 얼마나 놀라운 기쁨인지 모릅니다. 버려야 할 것들이 새로운 것으로 하나씩 채워져가는 것은 완전히 새 집에 입주할 때의 기쁨과는 또 다른 기쁨입니다. 내 모습 속에서 그리스도의 모습들이 작은 것에서부터 천천히 바뀌어가는 것을 바라보고 느껴보는 것은 성화를 경험하는 성도들만이 누리는 기쁨입니다.

기도하는 자리는 바꾸는 자리입니다. 주님 앞에 나아가서 이렇게 고백하십시오. "주님. 제가 그동안 쓰던 분노였습니다. 여기에 분노가 있으니 평화로 바꾸어주십시오. 이제는 분노가 제 삶에 어울리지 않습니다. 주님의 평화로 바꾸어주십시오." 그리고 이 평화를 가지고 돌아가십시오. 하나씩 구체적으로 죄와 허물을 가지고 주님께 나아가십시오. 그것이 작고 구체적일수록 당신의 기쁨은 더욱 클 것입니다.

 기도하는 자리에서 미워할 사람을 사랑할 사람으로 바꾸십시오. 싫어할 일을 사랑할 일로 바꾸십시오. 불평할 일을 감사할 일로 바꾸십시오. 그리고 가져가십시오.

마음보기

바람에 흔들리는 나뭇잎을 보았습니다.
내가 살아있음을 확인시켜 주었습니다.

피어있는 꽃을 보고 기뻤습니다.
제 마음 속에 있는 기쁨을 발견했습니다.

들리는 노랫가락에 어깨가 들썩입니다.
내 속에 있는 흥을 발견합니다.

오감(五感)으로 몸 밖 세상도, 몸 안 세상도 느낍니다.
이제 눈과 귀로 마음을 봅니다. 느끼는 나를 느낍니다.

보이는 것은 보이지 않는 것의 나타남입니다.
따라서 보이는 것을 통해서 보이지 않는 것들을 볼 수 있습니다.

눈에 보이는 것을 통해서 우리는 마음을 볼 수 있습니다.
마음을 보아야 마음을 다스릴 수 있습니다.

하나님으로 빚어져 감

무슨 일을 하든지 주께 하듯 하십시오.
주님께서 그 일을 계획하셨기 때문입니다.
누구를 만나든지 주께 하듯 하십시오.
주님께서 그를 보내셔서 당신을 만들어 가시기 때문입니다.

우리가 만나는 모든 일들이 하나님의 구체적인 계획 아래 이루어지고 있다는 믿음은 우리로 모든 일을 감사하게 합니다. 만나는 모든 사람, 그 사람이 나에게 상처를 주는 사람이건 손해를 끼치는 사람이건 간에 나를 만들어가는 하나님의 도구입니다. 내가 만나는 모든 일들도 하나님께서 나를 빚으시는 하나님의 사역입니다. 심지어 마귀가 주는 시련과 유혹 조차도 하나님의 허락 안에서 이루어지는 일입니다. 하나님은 나를 빚으시는 토기장이이십니다.

하나님은 나를 조각하는 조각가이십니다. 때로는 망치를 들기도 하고, 때로는 부드러운 손으로 만지시기도 합니다. 이때 빚어지는 내가 망치를 본다면 두렵지만, 망치를 들고 나를 만드시는 하나님을 본다면 감사하게 됩니다. 나를 만지는 부드러운 손만을 본다면 교만하게 되지만, 하나님을 본다면 겸손하게 됩니다.

다윗 왕이 아들 압살롬을 볼 때에 용서할 수 없었을 것입니다. 자식이 모반하여 아버지를 왕위에서 쫓아내고, 스스로 왕이 되었으니 어떻게 용서가 되겠습니까? 그러나 그 일을 행하신 하나님을 볼 때 그는 용서하였습니다. 하나님이 압살롬을 통하여 하나님만 의지하는 하나님의 사람으로 자신을 만들어 가신다는 믿음은 원수조차도 사랑할 수 있게 하였습니다.

모든 일에는 하나님의 의도가 있다는 것을 인정하면 모든 것에 감사할 수 있습니다.

오늘 이 두 가지 연습을 해보십시오. 오늘 사람을 만날 때 그 뒤에 서 계신 주님께 먼저 한번 웃으십시오. 그리고 그분을 만나십시오. 당신을 위해서 주님께서 어떻게 그 사람을 사용하시는지 발견하게 될 것입니다.

또한 어떤 일을 만날 때, 그 뒤에 계신 주님을 향하여 이렇게 먼저 고백하십시오. "감사합니다. 주님! 여기에도 계십니다." 그때 당신을 위해 일하시는 주님으로 인하여 기쁨이 충만하게 될 것입니다. 무슨 일을 하든지 주께 하듯 하십시오. 주님께서 그 일을 계획하셨기 때문입니다. 누구를 만나든지 주께 하듯 하십시오. 주님께서 그를 보내셔서 당신을 만들어 가시기 때문입니다.

하나님은 나를 경영하시는 분이십니다. 내가 세상에서 인정받는 그리스도인이 되거나, 성공적인 사업을 하는 것이 하나님의 첫 번째 관심이 아닙니다. 하나님의 첫 번째 관심은 '나'에게 있습니다. 나를 경영하시는 것이 하나님의 관심입니다.

내 소망에 있는 하나님의 소망

> 너희 안에서 행하시는 이는 하나님이시니
> 자기의 기쁘신 뜻을 위하여
> 너희에게 소원을 두고 행하게 하시나니 (빌2:13)

　언제부터인가 신의 성품에 참여하고자 하는 소망이 생겼습니다. 제가 소망한 줄 알았습니다. 제가 이루려고 했습니다. 힘이 들었습니다. 그런데 깨닫고 보니, 그 소망은 제 소망이 아니라, 저를 거룩하게 만들고자 하시는 하나님의 소망이었습니다. 내 마음 속에 하나님의 마음이 언제나 계시되어 나타나는 것이었습니다.
　하나님께서는 은사를 사모하게 하시고, 그 은사를 구하게 하십니다. 그리고 은사를 우리에게 허락하십니다. 기도할 마음을 먼저 주시고, 기도에 응답하십니다. 일할 마음을 먼저 주시고, 일을 성취하도록 하십니다. 주님께서 우리에게 씨앗으로 먼저 주시고, 그 씨앗을 사모하는 마음을 갖게 됩니다. 내 영이 무엇인가를 사모하는 것은 하나님께서 내 마음에 뿌려놓으신 씨앗을 품는 것입니다. 우리 마음에는 욕심이 뿌려놓은 씨앗도 있고, 하나님이 뿌려놓으신 씨앗도 있습니다. 우리가 마음먹은 것이 아니라, 누군가 뿌려놓은 것을 내가 품은 것입니다. 이 씨앗을 발견하면 즉시 기도로 붙잡아야 합니다. 기도는 소망을 붙잡고, 소망을 자라게 합니다. 기도는 소망을 먹는 수분이며 영양분입니다. 하나님께서 주신 소망의 씨앗에 기도의 물을 뿌리고 거름을 줄 때, 소망은 열매가 되어 나타납니다.

하나님의 것을 사모하는 마음을 소중하게 받으십시오. 그 사모하는 마음은 나의 마음이 아니라, 하나님의 마음이며 소망입니다. 하나님의 소망의 씨가 내 마음에 뿌려진 것입니다. 내가 은사를 사모하는 것은 하나님께서 은사를 주시고자하는 바램입니다. 하나님을 사모하는 마음은 하나님께서 나를 하나님으로 채우고자하는 소망입니다. 소망은 하나님의 뜻을 가장 먼저 깨닫는 곳입니다.

당신의 소망 안에서 하나님의 소망을 발견하십시오. 하나님께서 당신을 만들어가고 채워가고자 하시는 소망을, 당신의 소망을 통하여 보여주십니다. 하나님이 당신 안에서 무슨 일을 행하고 계시는지를 보고 싶거든, 당신의 영이 소망하는 바에 주목하십시오. 그리고 소망하는 바를 기도하십시오. 하나님의 소망이 당신이 소망하는 것을 통하여 이루어지기를 기도하십시오. 하나님의 뜻이 당신을 통해서 이루어질 것입니다.

너희 안에서 행하시는 이는 하나님이시니 자기의 기쁘신 뜻을 위하여 너희에게 소원을 두고 행하게 하시나니(빌2:13)

제자 됨

너희 안에 이 마음을 품으라
곧 그리스도 예수의 마음이니(빌 2:5)

예수님의 '제자 됨'이란 예수님이 우리의 삶으로 부활하게 하는 것입니다. 예수님은 우리의 삶의 태도를 바꾸시고자 했습니다. 세상을 바라보는 눈을 바꾸어서, 가난이 반드시 무익한 것만은 아니며, 슬픔이 고통스러운 것만은 아니며, 온유함이 손해 보는 것만은 아니라고 말씀하셨습니다. 예수님은 영이신 말씀으로 우리를 찾아오셨습니다. 이제 그 말씀이 육신을 입어 부활을 기다리고 있습니다. 예수님의 말씀이 우리의 행동과 몸을 옷 입고 부활하도록 하는 것이 제자의 삶입니다. 하나님의 말씀은 성도들의 삶을 통하여 살아있습니다.

　　제자는 선생님의 정신을 가지고 살아가는 사람입니다. 사랑과 화평의 정신을 가진 사람이 예수님의 제자입니다. 어떤 상황에서도 그 정신으로 살아가려고 힘쓰는 사람입니다. "너희 안에 이 마음을 품으라 곧 그리스도 예수의 마음이니..." 그렇습니다. 이 그리스도의 마음을 가진 사람으로 살아가는 것이 제자로서 살아가는 것입니다. 하나님의 말씀은 우리에게 그리스도의 정신을 갖게 합니다. 예수님이 세상을 살아가신 그 정신으로 충만해지도록 하십시오. 그 정신으로 세상의 정신을 이기십시오. 그리스도의 정신이 있는 자만이 그리스도의 세상을 살아갈 수 있습니다. 공자의 정신으로 살아가는 사람을 유생이라 하고, 석가모니의 정신으로 살아가는 사람을 불자라 하고, 그리스도의 정신으로 살아가는 사람은 그리스도인이라 합니다.

　　구약의 서기관들이 하나님의 말씀을 필사할 때, 하나님의 이름이 나오면 그들은 몸을 씻고, 붓을 새 것으로 바꾸고, 하나님의 이름을 직접 부를 수 없어서, 하나님을 지칭하는 다른 이름을 썼다고 합니다. 이처럼 하나님의 말씀을 조심스럽게 받았습니다. 우리 선조들도 경(經)을 읽을 때에는 몸단장을 새롭게 하고, 경건한 자세로 경전을 읽었다고 합니다. 제자들에게는 선생님의 가르침을 이와 같이 받는 겸손한 자세가 필요합니다. 이때 우리는 그 말씀을 만나는 것이 아니라, 말씀하시는 분을 만날 수 있게 됩니다.

그리스도의 제자는 말씀을 통하여 그리스도를 만나는 사람들입니다. 말씀을 받을 때, 그리스도께서 육성으로 하시는 것처럼 받아야 합니다. 데살로니가 교회의 성도들이 사도 바울의 가르침을 받을 때, 하나님의 말씀으로 받았습니다. 이들은 사도 바울을 만난 것이 아니라, 사도 바울을 통하여 하나님을 만난 것입니다. 성경의 말씀을 예수님의 참 가르침으로 받을 줄 아는 사람이 예수님의 제자입니다.

예수님의 제자로 살아간다는 것은 얼마나 복 된 일입니까? 12명의 사도는 예수님을 보고 따라갔습니다. 그러나 우리는 "보지 않고 믿는 자가 더욱 복되도다"라는 예수님의 말씀처럼, 우리는 보이지 않지만, 말씀을 통하여 그분을 따라가고 있으니, 우리는 얼마나 복된 사람입니까?

이제 세상 사람들이 그리스도인이라고 일컫는 말이 단순히 '교회 다니는 사람'을 지칭하는 말이 아니라, '그리스도의 가르침대로 살아가는 사람들'을 일컫는 말이 되도록 살아가는 것이 제자로서의 교회를 회복하는 길입니다.

예수님을 전혀 닮지 않은 제자를 생각할 수 있을까요? 예수님의 말씀에 전혀 귀 기울이지 않은 제자를 상상이나 할 수 있을까요? 그분이 말씀하실 때, 마음에 새겨서 삶의 지표로 살아가지 않은 제자를 생각할 수 있을까요? 제자는 선생의 가르침을 몸으로 담아내는 그릇입니다.

쏟는 행복

당신의 삶이 행복해지기를 원하신다면
당신이 가지고 있는 향유를 찾으십시오.
그리고 기꺼이 그 향유를 계산하지 않고
쏟아 부을 곳을 찾으십시오.

자신이 가지고 있는 것을 마음껏 쏟아 부을 곳을 찾은 사람은 행복한 사람입니다. 또한 사랑하는 사람을 위해서 무엇인가 쏟아 부을 것이 있는 사람도 행복한 사람입니다. 쏟아 부을 것이 없는 사람은 가난한 사람이요, 쏟아 부을 곳을 찾지 못한 사람은 어리석은 부자입니다. 인생에 낙이 없다고 하는 이들은 자신의 에너지를 쏟아 부을 곳을 찾지 못하였거나, 아니면 자신이 쏟아 부어야 할 에너지가 무엇인지를 찾지 못한 사람입니다.

예수님께 한 여인이 나아와 장정 한 사람의 연봉에 해당하는 귀한 향유를 예수님 머리 위에 부었습니다. 이 여인의 행한 일에 대해서 비난하는 사람들이 있었습니다. 그 귀한 향유를 팔아서 가난한 사람에게 도와주었다면 더욱 잘한 일이지 않겠느냐고 책망하는 이도 있었습니다. 그러나 이것이 어리석은 계산법입니다. 사람은 사랑하는 사람 앞에서, 또한 좋아하는 일 앞에서 계산법을 잃어버립니다.

명문대를 유학하고 박사 학위를 받은 사람이 선교사로 헌신하는 것은 어리석게 보일 수 있습니다. 그 귀한 지식이 쓸모없는 곳에 가는 것보다는 그 지식으로 많은 학생들을 가르치는 곳에 있는 것이 더 지혜로운 일일 수 있습니다. 성공한 사업가의 일을 접고 평범한 가장(家長)으로 돌아와 사는 것을 어리석다고 말할 사람도 있을 것입니다. 당장 먹을 양식을 걱정해야 하는 가정에서, 하루 일당을 모두 아내의 생일을 축하하기 위해서 꽃을 사는데 써버리는 일을 어리석은 일이라고 말할 사람도 있을 것입니다. 이 모든 어리석어 보이는 일들을 하는 사람들에 의해서 세상은 더욱 행복한 곳이 되어갑니다.

당신이 행복하지 않은 것이 돈이 적어서가 아니라, 기쁘게 돈을 쏟아 부을 곳을 찾지 못해서입니다. 당신이 스스로 가난하다고 여기는 것은 무엇을 가지지 못해서가 아니라, 누군가를 위해서 쏟아 부을 것을 찾지 못해서입니다.

　당신의 삶이 행복해지기를 원하신다면 당신이 가지고 있는 향유를 찾으십시오. 그리고 기꺼이 그 향유를 계산하지 않고 쏟아 부을 곳을 찾으십시오. 그때 당신의 삶은 기념할 만한 일이 될 것입니다.

죽음으로 이기다

예수님은 우리의 구원자이십니다.
그분의 십자가 희생을 통하여
우리는 새로운 삶을 받았습니다.
이 삶은 예수 그리스도의 말씀이 인도하는
삶이 되어야 합니다.

    이제 죄와 유혹을 이기기 위해서 고민하거나 힘쓰지 않습니다. 나는 죄와 유혹을 이길 수 없는 사람입니다. 나는 죄를 가지고 태어났고, 본질상 유혹을 좋아하는 사람입니다. 그러므로 죄를 이길 수 없는 것은 너무나 당연합니다. 이제는 지려고 합니다. 이제는 인정합니다. 나는 원래 그런 사람이었노라고 인정합니다. 분노가 치밀어 오를 때 이렇게 고백합니다. "너는 원래 그런 사람이었어!" 분노를 없애려고 하지 않습니다. 없앨 수도 없습니다. 이제 내가 본질상 죄인이라는 것을 인정합니다. 마음 깊숙한 곳에서 정욕이 불타오를 때 이렇게 고백합니다. "너는 원래 그런 사람이었어! 너는 그 정욕을 이길 수 없어!" 이제는 싸우지 않습니다. 아니 싸울 필요가 없습니다. 나는 이제 이 사람이 아니기 때문입니다. 이제 옛사람을 어떻게 고쳐서 거룩하게 만들려고 하지 않습니다. 옛사람은 벗어버리는 것이지, 변화시키는 것이 아니기 때문입니다. 옛사람을 고쳐서 거룩한 일을 하려고도 하지 않습니다. 아무리 고쳐서 거룩한 일을 하려고 해도 금방 지쳐버리고, 다시 부정하게 되는 것을 이제 고집하지 않습니다. 이제 이 사람을 뜯어고치는 대신에, 버리려고 합니다. 부정하려고 합니다.

우리는 이미 새 사람이 되어서, 새 생명으로 살아갑니다. 이전 것은 지나갔습니다. 원래 죄인이었던 나는 이제 죽었습니다. 이제는 죽는 연습을 합니다. 이기는 연습이 아니라, 죽는 연습입니다. 싸우지 않는 연습입니다. 나를 바꾸려고 하지 않습니다. 이미 나는 바뀌어 있습니다. 지금까지 살려고 했던 것은 옛사람이었습니다. 죽어 있는 옛사람을 살려서 거룩하게 살려고 했으니 얼마나 힘들었을까요? 경건의 연습은 죽는 연습입니다. 분노가 올라 올 때, 분노와 함께 죽는 것입니다. 분노를 이기려고 하지 않습니다. 그 분노는 내게 없는 것이기 때문입니다.

이제 새 생명으로 살아갑니다. 흠도 없고 티도 없는 새 생명, 본질상 거룩한 새 생명, 이미 승리한 생명으로 살아갑니다. 이것만이 승리할 수 있는 길입니다. 예수님께서 내게 주신 생명입니다. 거룩하게 살려고 하지 않아도 이미 거룩하고 거룩할 수 밖에 없는 생명입니다. 성령의 소욕을 가진 생명입니다. 주님의 성품을 가진 생명입니다. 이제 저는 이 생명을 받은 자이니 이 사람으로 살아갑니다.

지금까지 내가 아닌 사람을 붙잡고 살았으니 얼마나 힘들었습니까? 고칠 수 없는 사람을 고치려고 했으니 얼마나 힘들고, 살릴 수 없는 사람을 살리려고 했으니 얼마나 힘들었겠습니까? 이제 주님이 새롭게 하신 당신으로 살아가십시오. 당신 안에 새 생명이 이끄는 대로 살아가십시오. 무엇이 되려고 하지 마십시오. 그냥 당신으로 사십시오. 거룩한 사람은 거룩하게 살려고 하지 않아도 거룩하여져 갑니다. 당신 안에 이 생명이 있음을 믿고, 그 믿음으로 살아가십시오. 죄에 대하여 죽은 당신이 왜 죄와 싸워 이기려고 합니까? 당신은 죄에 대하여 죽은 사람입니다. 의에 대해서 산 사람입니다.

예수님은 우리의 구원자이십니다. 그분의 십자가 희생을 통하여 우리는 새로운 삶을 받았습니다. 이 삶은 예수 그리스도의 말씀이 인도하는 삶이 되어야 합니다. 이때에 우리는 그 생명을 풍성하게 누리게 됩니다.

　　예수님이 우리에게 '랍비(영적인 선생님)'라는 사실을 기억해야 할 때입니다. 많은 사람들이 '메시야'이신 예수님은 만났는데, 영적 선생님이신 예수님을 만나지 못하였습니다. 예수님은 우리가 세상을 어떻게 만나야 하는지 보여주셨고, 가르치셨습니다.

　　그리스도인은 그리스도의 가르침을 받고, 그 가르침대로 살아가는 사람들입니다. 이제 우리가 하나님 말씀을 듣고 배우는 목적이 달라져야 할 때입니다.

기도의 목장을 만들라

기도 목장을 돌아보면서
당신은 목자의 마음을 갖게 될 것입니다.
양들을 사랑하는 마음을 갖게 될 것입니다.
그 전에는 그들의 부족한 부분이 책망할 일로 보이다가,
기도 목장을 통하여 그들의 부족한 부분에 대해서
긍휼한 마음을 갖게 됩니다.
그리고 영적인 아비의 마음을 갖게 됩니다.

농부는 아침에 일어나면 먼저 논과 밭을 돌아봅니다. 목자는 아침에 일어나면 먼저 자신의 양과 소를 돌아봅니다. 기도의 목장을 만드십시오. 기도 목장의 울타리를 치고, 그 안에 당신이 기도로 돌아보아야 할 사람들을 넣도록 하십시오. 가족도, 친척도, 교우들도, 전도대상자도... 이들을 당신의 기도 목장에 돌보아야 할 양으로 두십시오. 그리고 매일 새벽 이들을 기도로 돌아보십시오. 영으로

그를 찾아가 살펴보고, 그를 축복하고, 위로하십시오. 바울 사도도 영으로 고린도교인을 찾아간다고 말씀하였습니다(고전5:3).

주님을 안내하여 그들에게로 인도하십시오. 주님께서 그들에게 하시는 소리를 들으십시오. 그리고 기도노트에 기록하십시오. 당신이 미리 판단하고 기도하는 대신에 주님께서 들려주시는 소리로 기도하십시오. 주님의 뜻을 따라 구하십시오. 주님께서 그에게 말씀을 들려주실 때에는 그 말씀을 노트에 기록하십시오. 그리고 그 말씀이 그 형제와 자매에게 이루어지도록 기도하십시오.

매일 아침 당신의 기도 목장을 돌아보는 즐거움을 누리십시오. 직접 찾아가지는 못하여도 새벽에 잠들어 있는 당신의 영적인 자녀들을 기도로 찾아간다는 것은 얼마나 놀라운 일입니까? 기도로 그들을 위로하고 권면하고 축복하며 그들을 기도 목장에서 양육하십시오. 아픈 이들이 있다면 성령께서 손을 얹으시고 기도하도록 하십시오. 그리고 영으로 그의 치유를 위해서 기도합시오. 그들을 위하여 기도하는 가운데 하나님께서는 그들에게 필요한 기도가 무엇인지를 알려주시고, 무엇을 권면해야 하는 지를 알려주실 것입니다. 그것을 가지고 그들을 만나는 것입니다.

기도 목장을 돌아보면서 당신은 목자의 마음을 갖게 될 것입니다. 양들을 사랑하는 마음을 갖게 될 것입니다. 그 전에는 그들의 부족한 부분이 책망할 일로 보이다가, 기도 목장을 통하여 그들의 부족한 부분에 대해서 긍휼한 마음을 갖게 됩니다. 그리고 영적인 아비의 마음을 갖게 됩니다.

　　기도 목장을 부흥시키십시오. 당신의 마음은 사랑으로 뜨거워질 것입니다. 당신의 영은 더욱 주의 은혜를 사모하게 될 것입니다. 양을 돌아보면서 목자는 건강해집니다. 당신이 건강한 목자, 하나님 앞에서 바른 목자로 서기를 원하신다면 기도 목장을 가지십시오. 기도 목장의 울타리를 만들고, 목장을 돌아보는 시간을 정하고, 기도 목장을 부흥시키십시오. 당신이 기도하는 가운데 양들은 이미 자라가고 온순하여져 갑니다. 모든 성도가 기도 목장을 가진 목자가 되기 바랍니다.

중보기도

그러므로 너희 죄를 서로 고백하며
병이 낫기를 위하여 서로 기도하라
의인의 간구는 역사하는 힘이 큼이니라 (약 5:16)

    다른 사람을 위하여 기도하다보면 그 사람을 판단하기 쉽습니다. 자기 수준에서 그를 판단하고, 그를 위하여 기도합니다. 자신의 입장에서 그를 위하여 기도하다보면 정작 그에게 필요한 기도가 아니라, 나에게 필요한 기도를 하기 쉽습니다. 이러한 기도는 자신에게도 또한 중보기도 대상자에게도 유익하지 않습니다.

    먼저 중보기도는 공감하는 기도이어야 합니다. 자신이 기도하는 사람과 함께 아파하고, 힘들어하고, 기뻐하는 기도입니다. 마음이 하나로 합하여 지는 기도입니다. 여기에는 어떤 판단도 들어있지 않습니다. 오직 그 사람의 입장이 되어 주님께 나아가 이야기하는 것입니다. 중보기도 대상자의 아픔을 가지고 나아가 아뢰는 것입니다. 마치 중풍병자를 데리고 온 사람들처럼, 기도할 힘도 없고 믿음도 없는 그를 대신하여 나아가 그의 아픔을 보여드리는 기도입니다. 이 기도는 중보기도 대상자를 변화시키기 이전에 먼저 중보 기도자를 변화시켜서, 사랑과 긍휼한 마음으로 채워줍니다.

다음으로 중보기도는 '주님이 기도하도록 하는 기도'입니다. 주님을 중보기도 대상자에게로 인도하여, 주님께서 그에게 손을 대시고 기도하도록 구하는 것입니다. 저는 이 기도를 할 때에 마치 담임목사와 함께 심방하는 부목사가 된 느낌을 받습니다. 담임목사의 설교와 기도를 성도와 함께 듣습니다. 그리고 성도와 함께 '아멘'합니다. 주님께서 그 영혼을 위해서 행하시는 일을 목도하며 그 일이 그에게 일어나기를 기도합니다. 다만 중보 기도자는 주님께서 하신 것을 보며 그 일이 이루어지기를 기도하는 것입니다. 이 기도를 하다보면 중보 기도자는 그 영혼을 주님께서 얼마나 사랑하시는 지를 새삼 깨닫게 됩니다.

중보기도의 유익은 주님의 기적에 참여자가 되는 것과 그 영혼을 더욱 사랑하게 되는 것입니다. 또한 중보기도자의 문제가 더불어 해결되어 간다는 것입니다. 다른 영혼을 위해서 기도하다보면 자신의 문제는 어느 틈엔가 사라져 버리고, 상처는 치유되어 갑니다. 중보기도는 다른 사람을 지키기 이전에 자신의 믿음과 은혜를 지키기 위해서 해야 합니다.

당신이 사랑하는 사람을 위해서 줄 수 있는 최고의 선물은 그를 위해서 기도하는 것입니다.

그러므로 너희 죄를 서로 고백하며 병이 낫기를 위하여 서로 기도하라 의인의 간구는 역사하는 힘이 큼이니라(약 5:16)

여전히 남아 있는 옛사람

기도 목장을 돌아보면서
우리에게 남아있는 옛사람은
하나님의 은혜를 기억하게 합니다.
우리는 바로 그 옛사람의 자리에서
나온 사람입니다.

분명 나는 예수님을 영접하였고, 성령 체험도 있는데, 여전히 내 안에는 죄와 탐심의 유혹들이 발견됩니다. 이런 나의 모습을 발견할 때, 우리는 절망합니다. "혹시 내가 구원 받지 못한 것은 아닌가?" "내 안에 성령님께서 여전히 계신가?" 옛사람은 분명 우리가 구원 받기 이전의 사람인데, 여전히 우리 안에 남아있다면 우리는 도대체 누구일까요? 우리 안에 발견되는 옛사람의 모습은 우리의 구원의 문제를 통째로 흔들어 놓습니다.

하나님께서는 왜 옛사람을 우리에게서 완전히 제거하시지 않았을까요? 옛사람이 우리 안에서 제거된다면 우리는 언제나 감사하고 기뻐하고 구원의 문제에서 흔들리지 않을 텐데... 이러한 의혹은 제가 에덴동산에서 선악을 알게 하는 나무를 발견했을 때에도 가졌던 것입니다. 그 나무를 심어놓지 않았더라면 사람들은 영원히 죄를 범치 않았을 텐데, 심겨져 있었던 까닭에 죄를 범한 것입니다.

아담에게 선악을 알게 하는 나무는 하나님을 기억하게 하는 나무입니다. 그 나무를 통하여 사람은 자신이 하나님의 피조물임을 기억하고, 감사하게 됩니다. 에덴동산이 하나님의 은혜로 사람에게 주어졌음을 발견하고 기뻐하게 됩니다. 이와 같이 우리에게 남아있는 옛사람은 하나님의 은혜를 기억하게 합니다. 우리는 바로 그 옛사람의 자리에서 나온 사람입니다. 이런 옛사람의 본성이 올라올 때 이렇게 하나님께 감사합니다. "하나님 제가 저 구원 받을 수 없는 자리에 있어야 하는데, 하나님의 은혜로 이렇게 새사람이 되었습니다. 감사합니다." 남아있는 작은 옛사람의 모습을 통하여 우리가 새사람 되었음을 기억하고 감사합니다. 이제 내 안에 발견되는 옛사람은 더 이상 내게 절망을 가져오지 않습니다. 오히려 그 절망 가운데 구원 받은 것에 대한 감격을 가져다줍니다. 따라서 옛사람에 대한 감사를 통하여 옛사람을 이기게 된 것입니다. 죄와 유혹에 대한 감사로 죄를 이기게 됩니다.

 죄와 유혹이 올라올 때 나는 이제 좌절하는 대신에 웃음으로 승리합니다.

  육신의 생각은 사망이요 영의 생각은 생명과 평안이니라(롬 8:6)

승리하는 생명

예수 그리스도를 통하여
우리에게 회복시키신 자유의지는
승리의 자유의지입니다.

하나님께서는 우리에게 자유의지를 주셨습니다. 에덴동산에 있었던 선악을 알게 하는 나무는 사람들에게 먹으라고 주신 것이 아니라, 그것을 지나가 생명나무의 실과를 먹는 자유를 누리라고 주신 것입니다. 만약 선악을 알게 하는 나무가 없다면 사람에게는 어떤 자유도 없는 것입니다. 하나님께서는 우리를 강제로 이끄시는 분이 아닙니다. 그분은 인격적이셔서, 문을 두드리며 열리기까지

기다리시는 분이십니다. 우리가 자원하여 영접하고, 기뻐 순종하기를 원하십니다.

　예수 그리스도를 통하여 우리에게 회복시키신 자유의지는 승리의 자유의지입니다. 선악과를 먹으므로 훼손된 자유의지를 다시 회복시키셨는데, 지금 회복된 자유의지는 하나님께서 은혜로 주신 승리의 자유의지입니다. 이 자유의지는 자신 안에 죄의 유혹이 없어서 의인이 아니라, 죄의 유혹이 있지만 더 큰 의의 능력으로 살아갑니다. 죄의 유혹이 있지만 자신 안에 있는 생명으로 살고, 어두움이 있지만 빛으로 살아가고, 자신의 죽음이 있지만 그리스도 예수의 생명으로 살아갑니다. 이제 선악과나무가 없어서 죄를 짓지 않는 것이 아니라, 선악과나무를 바라보며 그 열매를 먹지 않고, 생명나무 실과를 먹는 사람이 된 것입니다.

　제 손에는 작은 흉터가 있습니다. 학창시절에 친구와 말다툼하다가 날아간 주먹이 잘못하여 친구의 시계를 쳐서 다친 자국입니다. 이 자국을 보면서 제 안에 나쁜 성질이 있음을 인정하고, 이제는 그 성질로 살지 않고 제 안에 더 많은 부분을 차지하고 있는 예수님의 성품으로 살아갑니다. 그 흉터가 없어지지는 않습니다. 그러나 이제는 흉터를 '나'라고 여기지 않습니다. 저는 완전히 새로운 사람임으로, 제 안에 올라오는 많은 죄의 유혹들을 흉터를 보듯이 보게 됩니다. 위에서 보이는 모습은 여러 가지 이지만, 제가 살아가는 것은 예수 그리스도의 생명입니다. 보이는 것은 제가 아닙니다. 살아가는 것만 '나'입니다. 산 위에서 아래를 내려다보며 선택하여 살아갑니다.

이 이기는 생명은 예수 그리스도의 십자가와 부활을 통하여 우리에게 주신 새로운 생명입니다. 하나님께서는 예수님을 통하여 우리에게 죽음과 죄를 이기신 승리하는 생명을 우리에게 주셨습니다. 언제나 승리할 수 있는 자유의지를 주신 것입니다. 모든 상황을 이기게 하시고, 이기는 그 일은 우리가 하도록 하셨습니다. 우리를 위해서 모든 것을 성취하시고, 마지막 사인만은 우리에게 하도록 하셨습니다. 정작 싸움은 주님이 하시고, 승리는 우리가 맛보는 것입니다.

이제 산으로 올라가십시오. 그리고 내려다보십시오. 많은 것들이 보일 것입니다. 그러나 다 자신이라 생각지 마십시오. 이제 의의 승리만이 당신의 생명으로 살아가십시오. 당신에게는 승리하는 자유의지가 있습니다.

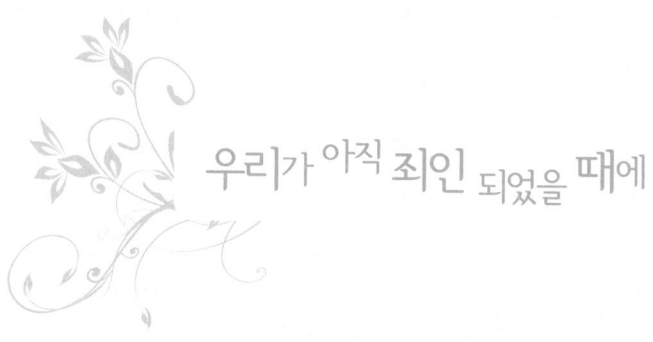

우리가 아직 죄인 되었을 때에

예수님께서 우리를 위해서
십자가에 죽으신 것은
"우리가 아직 죄인 되었을 때"입니다.

예수님께서 우리를 위해서 십자가에 죽으신 것은 "우리가 아직 죄인 되었을 때(롬5:8)"입니다. 예수님은 우리에게 어떤 변화를 요구하지 아니하시고, 우리를 위해서 죽으신 것입니다. 우리가 주님을 위해서 무엇을 했기 때문도 아니고, 나에게 개선의 의지가 있어서도 아닙니다. 우리에게는 아무런 가능성이 없는 까닭에 주님께서 죽으신 것입니다. 구원을 위해서 우리가 무엇인가 할 수 있다면,

주님께서는 우리가 스스로 구원하도록 내버려두셨을 것입니다. 그러나 우리는 무기력하고 무능해서 구원을 위해서 할 수 있는 것이 우리에게는 아무 것도 없습니다. 그래서 주님께서 죽으신 것입니다.

"구원을 받기 위해서 무엇을 해야 한다."라고 이야기하는 사람들을 주의하십시오. 그들은 그리스도의 사랑을 알지 못하는 사람이요, 하나님의 마음을 만나지 못한 사람들입니다. 예수 그리스도의 구원을 아는 사람은 이렇게 말합니다. "구원을 위해서 당신이 할 수 있는 것은 아무 것도 없습니다." 아니 더 정확히 이렇게 말합니다. "당신이 아무 것도 할 수 없어야 구원 받을 수 있습니다." 이런 상태에서 구원이 이루어질 때, 그것을 '은혜로 받은 구원'이라고 말하는 것입니다.

예수님께서 우리를 위해서 돌아가셨습니다. 그분은 우리의 모든 죄와 질병과 무거운 짐들을 지시고 나를 대신하여 죽으셨습니다. 이제 이 사실을 믿음으로 받고 살아가면 됩니다. 믿음은 살아가는 것입니다. 그냥 죄 용서받은 것으로 믿고 자유하면 됩니다. 하나님의 자녀 됨을 믿음으로 받아들이고, 하나님을 아버지라 부르면 됩니다. 이미 구원이 이르렀음을 인정하고 구원받았음을 감사하며 기뻐하면 됩니다. 구원은 믿음을 살아가는 것입니다. 이미 모든 사람에게 구원은 이르렀습니다. 그 구원이 당신의 것이 되는 것은 그 구원을 받아들이고 그것을 사실로 살아갈 때입니다.

구원을 얻기 위해서 우리가 무엇을 해야 한다고 말한다면 이렇게 말하는 것과 같습니다. "당신이 당신을 구원하십시오. 하나님께서는 구원받은 당신을 원하시지, 당신을 구원하기를 원치 않습니다." 그러나 어떻습니까? 예수님은 "나는 의인을 부르러 온 것이 아니요 죄인을 부르러 왔노라(마 9:13)" 말씀하시지 않습니까? 그러므로 구원받기 위해서 당신이 하는 일을 그만두십시오. 그냥 예수 그리스도께서 행하신 구원을 받아들이십시오. 그분의 십자가를 당신의 십자가로, 그분의 부활을 당신의 부활로 받아들이십시오. 그리하면 당신은 이미 구원 받은 자입니다. 이제는 구원 받은 기쁨과 감격으로 살아가십시오. 주님의 사랑에 이끌려 살아가십시오. 당신은 구원 받은 사람입니다. 언제까지 구원 받기 위해서 살려고 합니까? 이제 구원 받기 위한 삶을 포기하십시오. 그냥 구원 받은 자로 살아가십시오.

하려고 하지 마십시오!

선한 사람은 그 쌓은 선에서 선한 것을 내고
악한 사람은 그 쌓은 악에서 악한 것을 내느니라 (마12:35)

선하게 살려고 하지 마십시오. 당신은 선하게 살 수가 없습니다. 그러나 선하게 사십시오. 우리는 무엇인가 하려고 하는 의욕으로 가득 차 있습니다. 그러나 이 의욕은 결국 우리를 좌절시키고 힘들게 합니다. 정직하게 살려고 합니다. 그러나 이 마음은 곧 거짓말하는 자신을 정죄하게 합니다. 온유하게 살려고 합니다. 그러나 이 의욕은 곧 분노를 만나게 되고 좌절하고 자신을 정죄합니다. 우리는 무엇을 하려고 할 필요도 없고, 또한 그렇게 될 수도 없습니다.

　우리는 우리에게 있는 것으로 살아가면 됩니다. 선하게 살려고 하는 대신에 선하게 살아가면 됩니다. 정직하게 살려고 하는 대신에 정직하게 살아갑니다. 그냥 내 안에 있는 것으로 살아가면 됩니다. 내 안에 정직이 있으니, 정직하게 살려고 하지 않아도 정직하게 살아갑니다. 내 안에 감사가 있으니 감사하려고 하지 않아도 감사가 됩니다. 사랑하려고 하지 않아도 사랑합니다. "선한 사람은 그 쌓은 선에서 선한 것을 내고 악한 사람은 그 쌓은 악에서 악한 것을 내느니라(마12:35)." 마음에 선이 없는데 선을 행하려고 한다면 그 선은 위선(僞善)입니다. 선이 없는데 선이 나올 수가 없고, 악이 없는데 악이 나올 수가 없습니다. 그냥 안에 있는 것으로 살아가면 됩니다.

　많은 사람들이 자기 안에 무엇이 있는지를 모릅니다. 그래서 무엇을 가지고 살아야 하는지도 모릅니다. 그래서 이미 선이 자신 안에 있으면서도 선하게 살려고 힘을 쓰고, 자신 안에 기쁨이 있으면서도 기쁘게 살려고 힘을 씁니다. 자신 안에 있는 것을 알아채는 것이 깨달음입니다. 그리고 그것을 살아가는 것이 믿음입니다. 우리 안에는 이미 생명과 구원과 기쁨과 감사가 있습니다. 우리 안에는 이미 하나님의 영이 오셨습니다. 그러므로 우리 안에 있는 것으로 살아가면 선하게 살려고 하지 않아도 선을 행할 수 있고, 하나님을 기쁘게 하려고 하지 않아도 하나님의 기쁨이 됩니다.

우리는 숨을 쉬려고 힘을 쓰지 않습니다. 그냥 숨을 쉽니다. 우리의 신체가 숨을 쉬도록 되어 있기 때문에 숨 쉬는 것이 어렵지가 않습니다. 우리가 숨을 쉬려고 힘을 쓴다고 생각해보십시오. 가만 있어도 되는 숨을 억지로 힘들여 쉬려고 한다면 얼마나 힘든 일이겠습니까?

없는 것을 가지고 살아가려고 하니 힘이 듭니다. 또한 있는 것이 무엇인지 모르고 살아가니 힘이 듭니다. 이제 힘을 빼고, 의욕을 버리고, 가만히 당신 안에 있는 것을 살펴보십시오. 당신 안에 있는 정직을 끄집어내서 흘러가게 하십시오. 당신 안에 있는 생명과 감사를 흘러가게 내어 보내십시오. 그냥 당신 안에 새롭게 주신 하나님의 것을 알아차리고 그렇게 살아가십시오. 쉽게 살아가십시오.

기도의 행복

하나님은 기도하는 우리에게
언제나 '좋은 것'으로,
'성령'으로 주시기 원하십니다.

저는 오랫동안 "내가 어떻게 기도하면 하나님께서 응답해주실까?" "금식을 해야 할까? 아니면 작정기도를 해야 할까?" 이런 마음으로 고민하였습니다.

하나님은 간절히 구하는 자에게 응답하신다는 말씀 때문에 기도가 응답되지 않은 것처럼 느껴질 때면, 하나님께서 받지도 않은 기도를 했다는 것 때문에 많은 좌절을 경험했습니다. 기도는 제게 행복한 시간이 아니라, 하나님의 눈치를 보고 "어떻게 하면 하나님을 기쁘시게 할까?" 고민하는 시간이었습니다. 기도에 응답이 없으면 정성이 부족했던지 열심이 부족한 것으로만 생각했던 까닭에 믿음 없는 제 모습으로 좌절했습니다. 기도는 간혹 하나님께서 만족하실 때에만 응답되는 것인 줄로만 알았습니다. 그때 저는 기도의 응답이 저로부터 나는 줄로 생각했던 것입니다.

하나님께서는 우리가 구하기 전에 채우시기를 원하십니다. 우리가 좋은 것을 얻기 원하는 것보다 그분은 더 좋은 것으로 우리에게 주시기를 원하십니다. 기도는 바로 이 아버지의 마음과 사랑에 집중하는 것입니다. 나의 정성에 집중하는 것이 아닙니다. 하나님께서 우리에게 이루기를 원하시는 그것을 원하는 것입니다. "저는 하나님께서 제게 이루기 원하는 그 일을 원합니다." "하나님께서 채우시기 원하는 그것으로 채워지기 원합니다."

하나님은 기도하는 우리에게 언제나 '좋은 것'(마7:11)으로, '성령'(눅11:13)으로 주시기 원하십니다. 이렇게 '좋은 것으로 주시기 원하시는 하나님'임을 굳게 붙잡는 것이 믿음의 기도입니다. 믿음의 기도는 '내가 기도하면 하나님께서 주실 것'이라고 내게 응답을 두는 것이 아니라, 주님께서는 '구하는 것을 주시는 분'임을 굳게 믿고 구하는 것입니다. 하나님이 어떤 분이신지에 집중하는 것이며, 바로 그 하나님이 어떤 분이신지를 믿는 기도를 하는 것입니다.

하나님을 기쁘게 하려고 하지 마십시오. 다만 하나님을 기뻐하십시오. 나의 간절한 기도가 응답의 조건이라고 생각지 마십시오. 하나님은 반드시 응답하시는 하나님이심을 확신하십시오. 내가 무엇을 해야 구원받을 것이라는 생각도 마십시오. 하나님께서 나를 구원하시기 원하신다는 것을 기억하고 믿음으로 받아들이십시오.

저는 아버지가 어떤 분인지 알기 때문에 그분께 나아가는 것이 행복입니다. 그분은 구하기만 하면 응답하시고, 회개하기만 하면 용서하시고, 시인하기만 하면 구원하시는 분임을 알고 믿기 때문에 아버지 하나님께 나아가는 시간이 행복한 시간입니다.

집 나간 탕자를 멀리까지 나와서 기다리던 아버지는 아들이 어떤 모양으로 오던지 용서할 준비를 하고 계셨습니다. 재산을 모두 탕진하고 돌아오더라도, 비참한 모습으로 돌아오더라도 자식으로 받아들일 준비를 하고 계셨습니다. 아버지가 이런 마음으로 기다리고 계신다는 것을 안다면 아들은 두려움이 아니라, 기쁨으로 돌아올 것입니다. 저는 기도하는 자리에서 이 아버지를 만납니다. 모든 것을 들어주실 준비를 하시고, 우리가 기도하기만을 기다리시는 하나님 앞에 나아간다는 것은 큰 행복입니다. 그래서 기도하는 시간이 행복한 시간입니다. 저를 기뻐하는 분 앞에 나아갈 때에 저는 그분을 기쁘게 하려고 무엇을 시도하지도 않고 시도할 필요도 없습니다. 그저 저를 사랑하시는 분, 제 기도를 응답하시는 분께 기쁘게 나아갑니다. 하나님의 마음을 알기 때문입니다.

무교병을 먹다

누룩은 죄악을 이야기합니다.
이미 깨끗하여진 사람은
깨끗한 음식을 먹습니다.

　유월절 어린양은 무교병과 함께 먹습니다. 구원에 참여한 사람은 누룩 없는 떡을 먹습니다. 무교병은 누룩을 제거한 떡입니다. 누룩은 죄악을 이야기합니다. 이미 깨끗하여진 사람은 깨끗한 음식을 먹습니다. 사람은 먹는 대로 되어집니다. 좋은 음식을 먹으면 건강해지고, 상한 음식을 먹으면 건강이 위험해질 수 있습니다. 건강한 지식을 가지면 정신이 건강해지고, 깨끗한 말씀을 먹는 사람은 영이 깨끗해집니다.

우리가 하는 말에는 많은 누룩이 포함되어 있습니다. 그 안에 시기와 미움과 정죄를 포함하고 말합니다. 이런 종류의 말은 상대방에게 죄를 전염시키기도 하고, 그 사람으로 같은 죄를 범하게도 합니다. 상대방의 말에서 누룩을 제하지 않고 그대로 받아들인다면, 우리의 영혼에 누룩이 생길 수 있습니다. 우리는 상대방의 말을 바꿀 수는 없습니다. 그러나 상대방의 말에서 누룩을 제할 수는 있습니다. 상대방의 말에서 미움이나 정죄를 제거하고 들을 수는 있습니다. 항상 상대방이 던지는 말을 누룩을 제하고 무교병으로 받을 수는 있습니다. 그때 들리는 말은 우리를 배부르게 하고, 인간관계를 더욱 견고하게 합니다.

종종 누룩만을 먹는 분들도 있습니다. 들리는 소리에서 좋지 않은 것만 가려서 듣는 사람입니다. 지혜로운 자 같으나 가장 어리석은 사람입니다. 세상 말로 눈치가 빠른 사람이 이런 과오를 범하기 쉽습니다. 지혜로운 사람은 다른 사람의 말에 휘둘리지 않는 사람입니다. 이런 사람은 들리는 말에서 누룩을 제할 줄 아는 사람입니다.

또한 말을 할 때에도 누룩을 제하도록 하십시오. 비난이나 원망이나 가시 돋친 말을 제하시고 빛의 말을 하십시오. 누룩을 제하지 않은 말은 상대방을 원수로 만들고, 누룩 없는 떡과 누룩 없는 말은 많은 사람을 친구로 만들 것입니다.

봉사할 때에도 누룩을 제하도록 하십시오. 불평이나 원망을 제하지 않은 봉사는 자신에게도 유익하지 않을뿐더러, 그 봉사를 받는 분들도 불편하게 합니다.

관계에서도 누룩을 제하십시오. 다른 사람과의 관계에서 거짓과 숨김이라는 누룩을 제하도록 하십시오. 그때 우리는 '그 사람'을 만날 수 있습니다. 그렇지 않으면 서로를 진정으로 만나지 못합니다.

우리 삶의 여기저기 붙어있는 누룩을 살피고, 이것들을 제거하도록 하십시오. 순결하고 깨끗한 떡으로, 무교병으로 살아가십시오. 이것이 삶을 축제로 바꾸는 음식입니다.

성육신과 영성생활

만일 너희 속에 하나님의 영이 거하시면
너희가 육신에 있지 아니하고 영에 있나니
누구든지 그리스도의 영이 없으면
그리스도의 사람이 아니라 (롬8:9)

　　예수님은 말씀이 육신이 되신 분입니다. 말씀이 육신의 옷을 입고 이 땅에 그 거룩함과 사랑을 나타내신 분이 예수님이십니다. 그분은 사랑이셨습니다. 음식을 나누고, 병든 사람을 고치고, 죽은 자를 살리고, 죄인들을 용서하려고 사랑이 옷을 입으셨습니다. 긍휼이 행동이 되셨고, 인자(仁慈)가 손을 빌었습니다. 이 사건이 곧 성육신 사건이며, 이분이 예수 그리스도십니다. 말씀이 육신이 될 때, "은혜와 진리가 충만(요1:14)"하였습니다. 하나님의 은혜와 진리는 말씀이 육신이 되어갈 때 나타납니다. 우리 육체가 말씀에 순종하게 될 때 하나님의 은혜와 진리가 나타납니다.

우리는 그리스도를 살아가도록 부르심을 받은 사람들입니다. 이제 하나님의 말씀은 우리의 몸을 입어 세상에 태어납니다. 이것은 예수님의 성육신을 살아가는 삶입니다. 우리는 말씀을 살아가는 몸입니다. 우리가 말씀을 순종하여 우리의 몸을 입게 할 때, 하나님의 은혜와 진리가 충만한 삶을 경험하게 됩니다. 말씀으로 나를 빚어가고, 말씀으로 채워지고, 말씀을 살아가는 것, 이것이 '예수님 살아가기'입니다.

육신을 벗으신 예수님은 우리에게 영으로 오셨습니다. 육신이 영이 되신 것입니다. 육은 죽고 영은 삽니다. 우리의 몸은 아직 부활체를 입지 못하였습니다. 그러나 우리가 예수님을 믿음으로 영은 거룩하여졌습니다. 사람의 영 안으로 예수 그리스도의 영이 오신 것입니다. 예수 그리스도의 영이 없으면 그리스도의 사람이 아닙니다(롬8:9). 이 그리스도의 영(성령)은 그리스도를 나타내며, 그리스도의 일을 이루어가십니다. 예수 그리스도께서 행하신 일들을 오늘날 나의 일이 되게 하십니다. 십자가 위에서 죽으신 예수님이 나만을 위해서 죽으셨다는 영적경험과 예수 그리스도의 부활이 곧 나의 부활이었다는 영적경험을 주십니다. 믿음을 통로로 예수님을 우리에게 경험시키시는 분이 곧 성령님이십니다.

성령님은 하나님의 마음이며, 성품이며, 능력이십니다. 하늘의 아버지이신 하나님을 우리 안에 계시하는 분이십니다. 하나님은 예수 그리스도 안에 충만으로 계셨고, 예수 그리스도는 성령님 안에 충만으로 계시고, 이제 성령님은 우리 안에 충만으로 오십니다.

영성생활이란 이분의 영으로 살아가는 것입니다. 그분이 주시는 하나님의 마음으로 살아가고, 그분의 성품으로 채워가고, 그분의 능력을 신뢰하고 살아가는 것입니다. 하나님의 영에 점령당하는 것입니다. 오직 그분만이 나를 주장하심으로, 나의 모든 뜻이 그분의 뜻과 일치하는데 나아가고, 그분의 모든 뜻이 나의 기쁨이 되는데 나아가는 것입니다. 영성생활을 시작하십시오. 하나님의 영을 만나고, 그분을 살아가십시오. 이것이 믿음생활이며, 영성생활입니다.

광야 경험

광야는 하나님의 은혜가 없이는 살 수 없는 곳입니다.
세상에 젖어 살던 삶을 버리고,
세상의 가치관이 아닌 하나님의 가치관을 갖기 위해서
사람들은 광야를 경험해야 합니다.

    하나님을 깊이 만났던 사람들은 '광야 경험'이 있었습니다. 모세는 자신이 살던 애굽 왕궁을 떠나 40년 동안 광야에서 목자로 살았습니다. 세례 요한도 광야로 갔고, 사도 바울도 아라비아로 갔으며, 예수님도 광야로 갔습니다. 광야는 자신을 볼 수 있는 곳이며, 하나님의 은혜를 깨닫는 곳입니다.
    하나님께서는 이집트에서 나온 이스라엘 백성을 광야로 먼저 인도하셨습니다. 이집트에서 가지고 나온 물과 양식이 떨어졌고, 그들이 챙겨 나왔던 금과 은을 포함한 많은 물건들은 광야의 삶에 전혀 도움이 되지 않음을 깨닫게 됩니다. 광야에서 이스라엘 백성들은 하나님이 공급하시는 것으로 배불러하고, 하나님의 보호하심으로 안전한 삶을 경험하게 됩니다. 이스라엘 백성들 가운데 광야의 삶을 힘들어하여 이집트로 돌아가자고 불평하는 사람들이 있었습니다. 광야의 삶이 힘든 것이 아니라, 이집트에서 몸에 배어 있던 그 생활이 그들의 광야 생활을 힘들게 했던 것입니다. 그러나 그들은 광야의 삶이 힘들다고 생각하였습니다.

광야에 갈 때 비로소 사람에게 무엇이 필요한 것인지를 알게 됩니다. 그곳에서는 자동차도, 학벌도, 명예도, 체면도, 집도 필요치 않습니다. 심지어 두벌 옷까지도 필요치 않습니다. 오직 먹을 양식과 마실 물 그리고 추위와 더위를 피할 처소가 필요할 뿐입니다. 그리고 이 모든 것도 하나님께서 주시지 않으면 얻을 수 없음을 알게 됩니다. 광야는 하나님의 은혜가 없이는 살 수 없는 곳입니다. 세상에 젖어 살던 삶을 버리고, 세상의 가치관이 아닌 하나님의 가치관을 갖기 위해서 사람들은 광야를 경험해야 합니다.

광야를 경험하기 전까지 사람들은 무엇에 대해서 슬퍼해야 하는지, 무엇을 기뻐해야 하는지, 무엇이 부끄러운 일인지, 무엇이 부요하게 사는 것인지... 잘 알지 못합니다. 광야 경험을 통하여 비로소 인생이 무엇을 위해서 살아야 하는지 깨닫게 됩니다.

오늘도 저는 광야로 갑니다. 기도하는 자리가 광야의 자리입니다. 그 자리에서 '나' 외에 모든 것들을 내려놓습니다. '나'라고 여겼던 모든 것들을 내려놓습니다. 그리고 주님이 주시는 만나를 사모하고, 반석에서 나오는 물을 마십니다. 하나님 안에 있는 나를 발견하고 그 평안함에 감격하고, 하나님이 공급하시는 그 삶의 안전함에 기뻐합니다.

날마다 광야로 나아가십시오. 근심과 염려를 떠나 하나님의 은혜 안에 있는 나를 발견하십시오. 하나님의 사랑으로 살아가고 있는 나를 발견하십시오. 나를 지키시는 하나님의 손과 나에게 공급하시는 하나님의 사랑을 발견하기 전까지, 당신은 세상을 갖지 못한 것 때문에 힘들어 하고, 세상의 근심과 염려로 힘들어 할 것입니다. 그러나 하나님의 은혜와 그 사랑 안에 있는 나를 광야에서 발견하게 될 때, 당신은 쓸 데 없는 허영과 아픔으로부터 자유하게 됩니다. 광야로 나아가십시오. 아무 것도 없고, 하늘과 땅과 당신만 있는 곳으로 나아가십시오.

상대하기

마귀는 책망과 명령으로,
사람은 긍휼한 마음으로 상대하십시오.

예수님께서 귀신을 쫓아낼 때에는 귀신을 상대하시고 사람을 상대하지 않으셨습니다. 반면에 사람을 상대하실 때에는 긍휼히 여기시고, 치료하시고, 응답하셨습니다. 따라서 마귀를 상대할 때에는 철저하게 꾸짖으시고 명령하셨습니다. 이때에는 전혀 긍휼하심을 찾아볼 수가 없습니다. 심지어 그들이 "당신은 하나님의 아들이시니이다(눅4:41)" 라고 말하는 것도 허락지 않으셨습니다. 반면에 여리고 성에서 두 소경을 고치실 때, 예수님은 그들이 "주여 우리를 불쌍히 여기소서(마20:31)"라고 부르짖는 소리를 들으시고 "불쌍히 여기사(마20:34)" 보게 하셨습니다. 문둥병자를 깨끗케 하실 때에도 그들을 민망히 여기셨습니다(막1:41). 예수님은 소경을 고치실 때에는 사람을 상대하셨습니다. 사람을 상대할 일에는 귀신을 상대하는 것처럼 하지 아니하시고, 귀신을 상대할 일에는 사람을 상대하는 것처럼 하시지 않으셨습니다.

예수님은 마귀와 사람을 철저하게 구별하고 사역을 하셨습니다. "그 사람에게서 나오라(눅4:35)" 꾸짖어 말씀하실 때에 귀신이 그 사람에게서 나왔습니다. 사람과 귀신을 너무나 분명하게 인식하고 그 사역을 하셨습니다. 성도들의 영적인 사역도 이런 영적 분별력을 가지고 행해야 합니다. 마귀를 쫓을 때에는 철저하게 마귀만 상대해야 합니다. 사람을 상대하여 그를 축복하거나 불쌍히 여겨서는 이 사역이 열매를 맺지 못합니다. 또한 사람을 대할 때에는 철저하게 사람을 만나고 상대해야 합니다.

마귀 같은 사람을 상대하거나, 사람 같은 마귀를 상대하지 않도록 하십시오. 마귀는 속이는 자입니다. 사람 뒤에 숨어서 사역자가 마귀를 상대하지 않고 사람을 상대하도록 하거나, 사람 앞에 서서 사람을 상대하지 못하고 마귀를 상대하게 하여 사람을 미워하게 합니다. 사역의 상대가 분명해야 합니다. 마귀는 축사(逐邪)하고, 사람은 사랑하는 것이 영적인 사역입니다. 마귀를 상대할 때에는 책망과 비난과 배척과 명령으로 대해야 합니다. 반면에 사람을 상대할 때에는 긍휼한 마음으로 해야 합니다.

　예수님은 모든 질병이나 문제에서 마귀를 상대하시지는 않았습니다. 또한 모든 질병과 문제 가운데에서 사람과만 상대하시지도 않았습니다. 예수님은 마귀를 상대해야 하실 때와 사람을 상대해야 하실 때를 구별하시고, 사역을 하셨습니다. 특별히 치유와 축사 사역에서 우리가 먼저 성령님의 인도함을 받아야 할 것은 "누구를 상대하느냐?" 하는 문제입니다. 주님께서 우리가 상대할 이를 깨닫게 하십니다.

　마귀는 책망과 명령으로, 사람은 긍휼한 마음으로 상대하십시오.

머무르지 않습니다

나의 양식은 나를 보내신 이의 뜻을 행하며
그의 일을 온전히 이루는 이것이니라 (요4:34)

예수님이 많은 병자들을 고치셨으므로 예수님을 붙잡는 이들이 많았습니다. 자기들에게서 떠나시지 못하도록 예수님을 만류하는 사람들이 있었습니다(눅4:42). 그러나 예수님은 그들을 떠나서 계속해서 길을 가시면서 말씀하십니다. "내가 다른 동네들에서도 하나님의 나라 복음을 전하여야 하리니 나는 이 일을 위해 보내심을 받았노라(눅4:43)." 예수님은 일을 이루신 다음에 머물러 있지 않으셨습니다. 만약 예수님께서 그곳에 머물러 계셨다면, 많은 은혜 입은 사람들로부터 대접과 영광은 받으셨을 것입니다. 그러나 전도의 길을 떠나셨습니다. 예수님은 영광 받으시러 오신 것이 아니라, 일하러 오셨기 때문입니다. 예수님은 하나님의 일을 하는 것이 배부르게 하는 양식이라 하였습니다. "나의 양식은 나를 보내신 이의 뜻을 행하며 그의 일을 온전히 이루는 이것이니라(요4:34)." 예수님의 기쁨은 영광 받는 것이 아니라, 하나님의 일을 하는 것이었습니다. 예수님을 힘나게 하는 것은 복음을 전하는 것이지 영광을 받는 것이 아니었습니다.

참의사는 환자를 고치는 일로 즐거워합니다. 환자를 치료하는 일 그 자체가 기쁨입니다. 돈에 관심을 갖거나 명성에 관심을 갖지 않습니다. 그 환자가 나았으면, 다른 환자를 찾습니다. 치료된 환자와 오래 머물러 있지 않습니다. 참의사는 환자 앞에 있는 자신을 발견하고 기뻐합니다. 자신이 마땅히 하고 있는 일에서 기뻐합니다.

참기도의 사람은 기도하는 것이 가장 큰 기쁨입니다. 기도의 응답보다도 기도하는 자리에서 하나님만을 만나고, 하나님께서 나만을 대면하시며 베푸시는 은혜 안에 머무는 기쁨 때문에 기도합니다. 기도의 응답에 머물러 있지 않습니다. 한 가지 기도가 응답되면 다른 것을 기도합니다. 한 사람을 위하여 중보 기도하던 일이 응답되면, 다른 사람을 위해서 중보 기도합니다.

참목자는 양을 돌아보는 것으로 기뻐합니다. 양들에게 인정받고 받지 못하고는 그의 관심이 아닙니다. 그는 목자의 일을 함으로 기뻐합니다. 참전도자는 전도자로 살아가는 것이 기쁨입니다. 전도의 열매는 주님 편에 내어 맡기는 것입니다. 열매가 있더라도 교만하여 그 자리에서 자랑하지 않고, 열매가 없더라도 실망하지 않습니다. 전도자로 살았기 때문에 자족합니다.

머물러 있지 마십시오. 사람들에게 인정받으려고 머물러 있지 마십시오. 사람들이 당신의 사역을 이해하지 못하고, 당신의 사역이 인정받지 못하더라도 실망하지 마십시오. 당신의 사역에 실망하는 것은 당신이 떠나야 할 곳에 머물러 있기 때문입니다. 하나님 앞에서 당신이 맡은 일에 충성하는 것으로 양식과 기쁨을 삼으십시오. 기도하는 것으로 기뻐하고, 전도인으로 사는 것으로 즐거워하고, 목자로 사는 것으로 감사하십시오.

기도, 하늘 문을 열다

문을 두드리라 그리하면 너희에게 열릴 것이니 (마7:7)

기도는 하늘의 문을 여는 것입니다. 하나님께서 내려주시는 복과 은혜는 하늘의 문이 닫혀 있으면 우리 위에 내릴 수가 없습니다. 하나님께서 내리는 비도 하늘 문이 열려 있을 때에 대지 위에 내려 초목을 살려냅니다. 하늘 문이 닫혀 있으면 사람들이 아무리 물을 주고 열심히 일을 해도 곡식과 초목은 살아나지 못하고, 열매를 맺지 못합니다. 땅에서 하는 모든 수고 위에 하늘에서 내리는 비가 있어야 열매를 맺습니다. 기도는 하늘에서 내리는 비가 마음껏 대지를 적시도록 하늘에 난 문을 여는 것입니다. 하나님의 복과 은혜의 단비가 내려지지 않는 것은 하늘로 난 문이 닫혀 있기 때문입니다. 기도로 이 문을 여십시오.

제 고향에 가면 아흔 아홉 칸의 방을 가진 집이 있습니다. 만약 그 아흔 아홉 칸마다 쌀가마를 채워 놓는다면 얼마나 부요한 집일까요? 그 아흔 아홉 칸마다 일하는 일군들이 있는 집이라면 얼마나 부요한 집일까요? 아무리 많은 방이 있어도 잠겨 있으면 채울 수가 없습니다. 기도는 이런 아흔 아홉 칸의 방을 열어놓아서 마음껏 일군들이 들어가 쉴 수 있도록 하는 것과 같습니다. 기도는 하나님의 놀라운 복이 마음껏 채워지도록 막혀 있던 하늘로 향한 문을 여는 것입니다.

하늘로 향한 물질의 방 문을 기도로 열어놓으세요. 마음껏 하나님께서 채울 수 있도록 기도로 열어놓으십시오. 하늘의 문을 막고 있는 장애물이 없도록 기대와 소망으로 문을 열어놓으십시오. 하늘로 향하여 난 지혜의 방의 문, 은사의 방의 문, 교회의 방의 문, 안식일의 방의 문, 말씀의 방의 문... 하늘로 향하여 난 이 문들을 하나씩 열어나가십시오. 하나님께서 마음껏 부으실 수 있도록 기도로 그 문을 열어놓으십시오.

하늘이 열렸던 때가 있습니다. 예수님께서 세례를 받으실 때에 하늘이 열려 성령이 비둘기 같이 임하였습니다(마3:16, 요 1:51). 스데반 집사님이 순교할 때에 하늘이 열렸습니다(행7:56). 하늘이 열리는 때에는 하나님의 영광을 봅니다. 막혀 있는 하늘 문을 기도로 여십시오. "문을 두드리라 그리하면 너희에게 열릴 것이니(마7:7)." 이 땅에서 매면 하늘에서도 매이고, 이 땅에서 풀면 하늘에서도 풀립니다.

물질을 원하면 하늘로 난 물질의 문을 열고, 지혜를 원하면 하늘로 난 지혜의 문을 열고, 성품을 원하면 하늘로 난 그 성품의 문을 여십시오. 문을 열기만 하면 하늘에서는 복과 은혜의 비가 내립니다. 기도하는 자리에서 하늘 문을 여는 기쁨을 누리십시오. 기도는 하늘의 문을 여는 것입니다.

기도, 변화산

변화의 산에 올라갑니다.
기도의 자리입니다.
그곳에서 만물을 새롭게 하시는
주님을 만납니다.

　변화의 산에 올라갑니다. 기도의 자리입니다. 그곳에서 만물을 새롭게 하시는(계21:5) 주님을 만납니다. 기도는 만물을 새롭게 만듭니다.

　3명의 제자를 데리시고 기도하러 산으로 올라가신 예수님이 변형되셔서 제자들에게 보이셨습니다. 영광스러운 모습으로 변화되셨습니다. 8일전에 베드로 사도는 "주는 그리스도시니이다(눅

9:20)"라고 고백하였는데, 그의 고백이 무엇을 의미하는지를 변화산에서 보게 되었습니다. 베드로 사도는 놀랐을 것입니다. "지금까지 내가 하나님의 아들과 함께 먹고 마시며 살아왔구나." "지금까지 내가 하나님께서 주시는 것을 먹고 마시며, 그분의 보호 아래에서 전도의 여행을 해왔구나." 이때 베드로 사도가 만났던 그 감격이 바로 경외감입니다. 기도하는 자리에서 비로소 하나님 안에 있는 자신을 발견하게 된 것입니다. 그 자리에서 만물이 새롭게 깨달아지기 시작합니다. 감격과 기쁨으로 새롭게 받아들여집니다. 자신이 했던 부탁이 하나님께 한 것이며, 자신이 설교하도록 내어드렸던 한척의 배가 하나님의 아들에게 내어드린 일이었다는 것이 감격입니다. 그가 대하였던 식탁이 하나님의 아들과 함께 한 식탁이었다니 얼마나 놀라운 일이겠습니까? 이 모든 것을 변화산에서 깨닫게 됩니다. 기도하는 자리에서 우리의 경험은 거룩한 경험이 되고, 하나님 경험이 됩니다.

　　기도는 변화산입니다. 그곳에서 변화된 주님을 만납니다. 생각과 깨달음을 넘어서는 주님의 권능과 은혜를 만납니다. 입술로 고백하고 마음으로 품었던 주님이 영광의 모습으로 변화되어 나타납니다. 또한 내게 이루어진 모든 일들과 내가 만난 사람들을 변화된 모습으로 나를 다시 만납니다. 미워할 사람이 변화되어 사랑스럽게 나타나고, 일상의 일들이 거룩한 일들로 나타납니다. 혼자 지나왔던 인생길이 하나님과 함께 한 인생길로 변화되고, 그동안 드나들었던 예배당이 주님의 지성소로 변화되고, 내가 머무는 곳이 '하나님의 전(창28:17)'으로 변화됩니다.

힘들고 어려울 때 변화산에 올라갑니다. 그곳에서 만물을 새롭게 하시는 주님을 경험합니다. 미워했던 사람이 사랑할 사람으로 변화되고, 모든 사람들이 하나님이 보내신 사람들로 받아들여지고, 모든 일이 주님의 일로 변화되는 영광을 보게 됩니다. 변화산에 올라갑니다. 기도의 자리로 갑니다. 만물을 새롭게 하시는 영광의 자리로 갑니다. 이곳에서 만물을 새롭게 봅니다.

내면 보기

눈에 거슬리는 아이들의 행동들을 볼 때,
내면에서 일어나는 짜증과 화는
자기 내면의 모습을 너무나 잘 보여줍니다.
올라오는 분노와 불평들을 통하여 자신을 보게 됩니다.

　　산을 올라본 사람은 산을 쉽게 이야기 하지 않습니다. 경주를 해본 사람은 경주자를 쉽게 비난하지 않습니다. 그 일이 얼마나 힘든 일인지를 알기 때문이며, 자신의 약함을 실제로 깨닫게 되기 때문입니다. 산을 쉽게 이야기하는 사람은 올라보지 않았기 때문입니다. 더 큰 산을 올라보지 않았기 때문입니다.
　　선을 실천하기 위해서 몸부림친 적이 없는 사람은 선을 행하지 못한다고 해서 다른 사람을 쉽게 비난합니다. 그러나 선을 힘써 행하는 사람은 그것이 얼마나 힘든 일인지 알기 때문에, 그렇게 하지 못하는 사람을 보더라도 쉽게 비난하지 않습니다.

주님께 가까이 갈수록 커지는 것이 있습니다. 자신의 눈에 들보가 자꾸만 커집니다. 계속 자라다 보면 자신이 소경이 될 것입니다. 그렇게 되면 이제 다른 사람의 눈에 티가 보이지 않을 때가 올 것입니다. 그때에는 다른 사람을 판단하지 않을 것입니다. 자신의 들보가 너무나 커서 다른 어떤 것도 보이지 않기 때문입니다.

주님께 멀어질수록 작아지는 것이 있습니다. 자신의 눈의 들보입니다. 들보가 없어지니 다른 것이 너무 잘 보입니다. 눈은 밝아져 잘 보이는 데, 왜 마음은 더욱 혼란스러운 것일까요?

아이들을 가르치는 선생님이나, 아이들을 키우는 부모님은 아이들을 통해서 자신의 내면을 보게 됩니다. 눈에 거슬리는 아이들의 행동들을 볼 때, 내면에서 일어나는 짜증과 화는 자기 내면의 모습을 너무나 잘 보여줍니다. 올라오는 분노와 불평들을 통하여 자신을 보게 됩니다. 그러므로 자녀들은 부모의 선생님이며, 제자들은 선생님을 보여주는 거울입니다. 이제 밖에 보이는 나를 한번 보십시오. 올라오는 내면의 소리들을 들어보십시오. 그리고 자신을 만들어 가십시오.

이제 보이는 것으로 자신을 살피는 지혜를 갖기 원합니다. 사람은 내면에 가지고 있는 것으로 세상을 봅니다.

겸손이 있으면 존귀한 것을 듣고, 교만이 있으면 패망할 것을 듣습니다.

생명이 있으면 살아날 것을 듣고, 사망이 있으면 죽이는 소리를 듣습니다.

은혜가 있으면 믿음의 소리를 듣고, 불만이 있으면 불신의 소리를 듣습니다.

진실이 있으면 진리를 듣고, 허영이 있으면 속이는 소리를 듣습니다.

이제는 눈으로 마음을 읽을 수 있기 원합니다.

다른 사람을 보는 자세 속에서 나를 읽을 수 있기 원합니다.

나아가 다른 사람이 보이지 않을 만큼 자신의 약함과 악함을 깊이 깨닫기 원합니다.

내 안에 있는 하나님 나라

하나님의 나라는 내 마음의 소리에 있습니다.
마음의 소리를 잘 들으면
하나님의 마음을 알 수 있으니,
하나님의 나라가 내 안에서 발견됩니다.

내 마음은 하나님 나라의 메아리입니다.
하나님께서 "나는 너를 믿는다."라고 하실 때,
우리 마음에는 "저는 하나님을 믿습니다."는 고백이 나옵니다.
하나님께서 "나는 네가 좋다."라고 여기실 때,
우리 마음은 "저는 하나님을 기뻐합니다."라고 노래합니다.
하나님께서 "나는 너를 믿는다."라고 말하실 때,

우리 마음은 "저는 하나님을 믿습니다."라고 고백합니다.
하나님의 나라는 내 마음의 소리에 있습니다.
마음의 소리를 잘 들으면 하나님의 마음을 알 수 있으니,
하나님의 나라가 내 안에서 발견됩니다.

사랑 확인

사랑은 여기 있으니
우리가 하나님을 사랑한 것이 아니요
하나님이 우리를 사랑하사
우리 죄를 속하기 위하여
화목 제물로 그 아들을 보내셨음이라 (요일4:10).

"하나님은 저를 사랑하십니까? 한번 만이라도 좋으니 제게 하나님의 마음을 보여주세요. 저는 이 사실만 확인할 수 있다면 인내할 수 있고, 즐거이 고난당할 수 있습니다."

"저는 하나님의 자녀가 맞나요? 제가 하나님의 자녀라는 증거를 한번 만이라도 보고 싶어요."

"주님이 저의 죄를 용서하셨습니까? 그렇다면 제 손에 주님의 십자가 흔적이라도 나타나게 해주세요. 잠깐만이라도 좋으니 주님의 용서를 확인하고 싶어요."

"다들 하나님의 소리를 들었다고 하는데 왜 저는 하나님의 소리를 듣지 못하는 것일까요? 하나님은 저를 사랑하지 않기 때문인가요?"

"하나님 제 기도를 듣기는 하는 것입니까? 그렇다면 기도를 듣고 계신다는 증거를 무엇인가 보여주세요."

주님은 우리의 이 마음을 너무나 잘 아시고, 우리에게 말씀하십니다.

"하나님은 사랑이심이라."

"나는 사랑이다."

참 사랑은 그분의 인격에 대한 신뢰가 반드시 있어야 합니다. 하나님이 사랑이시라면 그 믿음 안에서 나는 그분의 사랑을 받는 존재임을 확인할 수 있습니다.

저는 설교한 후에 하나님께 미안한 마음이 듭니다. 하나님의 사랑은 너무나 큰 데 제가 그 사랑을 온전히 전달하지 못해서 그렇습니다. 사용할 수 있는 언어가 짧고, 제가 알고 있는 주님의 사랑도 너무나 제한적이어서 그것 밖에 전할 수 없다는 것이 저를 미안하게 만듭니다. 그러므로 설교를 듣거나, 성경을 읽을 때, 언어에 얽매이지 마십시오. 그 언어를 사용하시는 하나님의 마음을 접촉하도록 기도하십시오. 말씀은 하나님의 마음입니다. 말씀에 얽매여서 그 마음을 읽지 못한다면 참으로 안타까운 일입니다. 그러나 하나님의 마음을 만나고, 말씀을 대하면 모두가 그분의 사랑이요, 은혜입니다. 여기에 하나님의 마음이 있습니다. "사랑은 여기 있으니 우리가 하나님을 사랑한 것이 아니요 하나님이 우리를 사랑하사 우리 죄를 속하기 위하여 화목 제물로 그 아들을 보내셨음이라(요일4:10)." 이 하나님을 만나고 난 후에 제게 일어난 일을 다시 한 번 봅니다. 모든 것이 은혜요 사랑입니다. 응답이 없는 것이 응답이고, 흔적이 없는 것이 사랑이고, 이제는 모두가 사랑입니다. 이제는 하나님이 사랑이심이라는 그분의 약속을 믿는 믿음 안에서 저는 사랑 받는 사람임을 확인할 수 있게 됩니다.

믿음을 새롭게

하나님에 대한 바른 믿음을 가지면,
하나님이 복 주시고자 하는 대로 결정을 하고,
행동이 바뀌어갑니다. 하나님에 대한 바른 믿음을 가지고,
바로 그 믿음이 결정하는 인생을 살면,
그 인생은 곧 하나님이 계획하신 복된 인생이 되는 것입니다.

사람은 누구나 믿음으로 결정하며 살아갑니다. 잘못된 믿음 때문에 잘못된 결정을 하고, 잘된 믿음 때문에 잘된 결정을 하며 살아갑니다. 따라서 믿음이 바뀌면 행동이 바뀌고, 인생 선택과 결정이 바뀌게 됩니다. 결국 믿음은 우리의 모든 것을 바꾸는 것입니다. 믿음은 겨자씨만한 것이지만, 산을 옮길 수 있는 변화를 가져옵니다. 그런데 많은 사람들이 자신의 인생에 가장 큰 영향을 끼치는 믿음을 위해서 투자하기를 꺼려합니다. 습관을 바꾸거나 외모를 바꾸거나 인간관계를 바꾸기 위해서는 노력하면서도, 정작 이 모든 것을 결정하는 믿음을 새롭게 하기 위해서는 노력하지 않는 경향이 있습니다.

인생을 바꾸기를 원하는 사람은 먼저 믿음의 체계를 바꾸어야 합니다. 성공적인 사람은 성공적인 믿음의 체계를 가지고 있어서 성공적인 길로 가고, 실패하는 사람은 실패할 일을 결정하게 하는 믿음의 체계 때문에 그 길로 가는 것입니다. 그러므로 인생을 새롭게 하기 원하는 사람은 무엇보다 자신의 믿음을 새롭게 하고, 견고하게 하는 기회를 가져야 합니다.

아브라함이 100세 되어 낳은 아들을 하나님께서 제물로 드릴 것을 요구하셨습니다. 그때 아브라함은 그 말씀에 순종하여 아들을 모리아 산에서 제물로 드리려고 합니다. 그 결정을 하나님께서는 기쁘게 여기시고, 아들 대신에 산양을 드리도록 하시고, 아브라함의 믿음에 복을 더하셨습니다. 그때 아브라함은 "죽은 자를 살리시는 하나님"을 믿는 믿음의 체계를 가졌습니다. 이 믿음이 결국 아브라함이 복 받을 행동을 결정하게 한 것입니다.

열두해를 혈루증으로 고통당하던 여인이 어느 날 예수님 옷자락을 만져서 혈루증이 나았습니다. 예수님의 옷자락만 만져도 나을 것이라는 믿음이 기적을 가져올 행동을 낳았고, 그녀는 치유되어 새로운 인생을 살게 된 것입니다. 믿음이 곧 그녀를 복되게 한 것입니다.

인생의 선택에 영향을 끼치는 많은 변수가 있습니다. 그중에 가장 큰 것은 믿음입니다. 그래서 사람은 믿음으로 살아가는 것입니다. 불신도 믿음의 한 종류입니다.

한 사람이 가지고 있는 믿음의 체계는 많습니다. 사람에 대한 믿음의 체계, 자연에 대한 믿음의 체계, 인생에 대한 믿음의 체계, 세계에 대한 믿음의 체계 등 많은 믿음의 체계를 가지고 있습니다. 그리고 이 모든 믿음의 체계에 영향을 미치는 "근본적인 믿음 체계"가 있습니다. 그것은 하나님에 대한 믿음입니다. 하나님에 대해서 어떤 믿음을 가지고 있느냐에 따라서 인생관과 세계관이 달라집니다.

하나님에 대한 바른 믿음을 가지면, 하나님이 복 주시고자 하는 대로 결정을 하고, 행동이 바뀌어갑니다. 하나님에 대한 바른 믿음을 가지고, 바로 그 믿음이 결정하는 인생을 살면, 그 인생은 곧 하나님이 계획하신 복된 인생이 되는 것입니다.

믿음을 새롭게 하는 시간을 가지도록 하십시오. 그리고 그 시간을 정기적으로 가지십시오. 매주일 교회에서 성공적인 믿음으로 채우십시오. 매일 새벽예배에서 그 성공적인 믿음을 견고케 하십시오. 자신의 모든 삶이 하나님의 계획과 은총의 인도함을 받을 수 있도록, 그러한 믿음을 가지십시오.

오늘 속에 있는 내일

오늘 우리가 하는 일은 오늘로 끝나지 않습니다.
오늘 일 속에는 내일 일이 감추어져 있습니다.
그러므로 오늘이 구원의 날입니다.

    씨앗 속에는 줄기도 있고, 잎사귀도 있고, 꽃도 있고, 열매도 있습니다. 씨앗 속에서 이것을 발견한 사람은 씨앗을 소중히 여기고, 이것을 보지 못하는 사람은 씨앗을 소홀히 여깁니다. 오늘 속에서 내일을 볼 수 있는 사람은 오늘을 소중하게 살아갑니다. 오늘 우리가 만나는 사람을 통하여 우리는 내일 만날 사람을 소개 받습니다. 오늘 우리가 하는 일을 통하여 내일 할 일을 소개받습니다. 우리는 왜 지나간 역사를 공부해야 하고, 우리의 과거의 삶을 돌아보아야 할까요? 과거 속에는 미래가 감추어져 있기 때문입니다. 과거의 경험 속에는 우리가 장차 경험해야 할 미래가 있습니다. 과거는 오늘을 낳은 어머니요, 오늘은 내일을 낳는 어머니입니다.

주인이 열 므나를 열 명의 종들에게 나누어주고 장사하게 하고, 나중에 와서 회계하여 한 므나로 열 므나를 남긴 종에게는 열 고을 다스리는 권세를 주고, 한 므나로 다섯 므나를 남긴 종에게는 다섯 고을 다스리는 권세를 줍니다(눅19장). 한 므나 속에는 열 고을 권세가 숨겨져 있고, 다섯 고을 권세가 감추어져 있는 것입니다. 한 므나는 단순히 한 므나가 아닙니다. 오늘의 한 므나는 내일의 열 고을 권세가 숨겨져 있습니다.

예수님께서는 이 땅에 씨앗으로 오셨습니다. 예수님이 이 땅에 오심으로 하나님의 나라는 이미 온 것입니다. 이 씨앗 안에는 하나님 나라의 영광도, 권세도, 면류관도, 자유도, 진리도 모두 있습니다. 이 씨앗이 이제 누룩이 부푸는 것처럼, 자라가기만 하면 됩니다. 그러므로 오늘 예수님을 영접하였으면 이미 하나님의 나라가 이루어진 것이요, 또한 장차 하나님의 나라도 도래할 것입니다. 하나님의 나라는 오늘 속에 감추어져 있습니다. 오늘 하나님의 나라를 살아가는 사람이 내일 하나님 나라에서 눈을 뜹니다. 이 세상과 하나님의 나라는 불연속면에 있는 것이 아니라, 연속면에 있습니다. 따로 있는 것이 아니라, 연결되어 있습니다.

오늘 우리가 하는 일은 오늘로 끝나지 않습니다. 오늘 일 속에는 내일 일이 감추어져 있습니다. 그러므로 오늘이 구원의 날입니다.

어린 요셉 안에 총리 요셉이 있습니다. 어느 날 갑자기 총리가 된 것이 아니라, 어린 요셉 안에서 총리 요셉이 자라간 것입니다.

오늘 만나는 사람 속에 내일 나의 복이 감추어져 있고, 오늘 해야 할 일 속에 내일 하게 될 사역이 감추어져 있고, 오늘 시간 속에 영생이 감추어져 있습니다. 그러므로 최고의 내일을 원하는 사람은 오늘을 최고로 살아야 합니다. 그러므로 무슨 일을 하든지 마음을 다하여 주께 하듯 하고 사람에게 하듯 하지 말아야 합니다(골 3:23). 지금 당신이 만나고 있는 사람이 장차 당신을 곤란한 중에서 건져낼 사람이고, 지금 당신이 하고 있는 일이 내일 하게 될 사업이며, 당신의 직분이 장차 쓰게 될 면류관이라는 믿음이 있다면 당신은 오늘에서 내일을 만나고 만들어 갈 것입니다. 오늘이라는 밭에 감추어진 내일이라는 보배를 발견하고, 그 보배가 감추어진 밭을 오늘 살 것입니다.

오늘 작은 일부터 최선을 다하십시오. 그때 최고의 내일이 당신을 맞이할 것입니다.

오늘 만나는 사람에게 최선을 다하십시오. 장차 그 사람이 당신에게 주님의 복을 가져다 줄 것입니다.

　오늘 맡은 직분에 최선을 다하십시오. 당신은 오늘 장차 쓰게 될 면류관을 만드는 것입니다.

　내일을 여는 문은 오늘 여는 것입니다.

마음의 비명소리

마음의 소리를 통하여
영적인 소욕을 깨닫는 사람은
하나님으로 채워져 가고,
육적인 소욕을 듣는 사람은
세상으로 채워져 갑니다.

    우리 안에 일어나는 많은 욕망은 하나님으로 채워지지 않고 있음을 알려주는 소리입니다. 이 소리를 잘 읽을 때 하나님으로 채워져 갑니다.
    육체의 고통은 우리의 육체가 잘못되어 가고 있다는 소리입니다. 이 소리는 우리를 놀라게 하려는 것이 아니라, 바로 잡아주려는 메시지입니다.

근심은 하나님께서 나와 대화하고자 하는 소리입니다. 이 소리를 들을 줄 아는 사람은 하나님의 평안으로 인도함을 받습니다.

미움은 우리가 하나님의 사랑에서 멀어져 있다는 소리입니다. 이 소리를 바르게 들을 줄 아는 사람은 미움에서 사랑으로 변하여 갑니다.

분노는 내 마음에 여유가 부족하다는 소리입니다. 이 소리를 바르게 들을 줄 아는 사람은 여유로 분노를 다스리게 됩니다.

교만은 내 마음에 하나님의 소리가 들리지 않는다는 마음의 소리입니다. 이 소리를 들을 줄 아는 사람은 다시 하나님을 부르게 됩니다.

불평은 내 마음에 감사가 없다는 마음의 소리입니다. 이 소리를 들을 줄 아는 사람의 눈은 하나님을 보게 됩니다.

우리의 모든 내면은 하나님을 향한 갈망으로 가득합니다. 그 갈망이 채워지지 않을 때, 우리의 마음은 비명을 지릅니다. 이 소리, 회복을 요구하는 소리, 하나님으로 채워지기를 갈망하는 마음의 소리를 들을 때 변화가 일어납니다. 이 소리를 멀리하지 마십시오. 이 소리를 통하여서 영성 지수를 살피도록 하십시오.

이 감각이 없는 사람은 죽은 사람입니다. 이 마음의 소리를 사단의 소리로 듣지 마십시오. 마음의 소리로 들으십시오. 이 소리를 잘 듣고 하나님으로 채워지면 살리는 소리요, 이 마음의 소리를 들지 못하면 그냥 무감각한 자 되어 죽어갑니다. 이 마음의 비명소리를 내버려두면, 사단은 이 소리를 왜곡하여 버립니다. 하나님이 채워지지 않은 까닭에 나오는 그 비명소리를 잠재우기 위해서, 세상을 채우라고 말합니다. 마음의 소리를 통하여 영적인 소욕을 깨닫는 사람은 하나님으로 채워져 가고, 육적인 소욕을 듣는 사람은 세상으로 채워져 갑니다.

기도와 불쌍한 사람

기도할 것이 없는 사람은 참으로 불행한 사람입니다.
모든 것을 다 가져서, 모든 것이 다 이루어져서
더 이상 기도할 것이 없어진 사람은 불행한 사람입니다.

기도할 것이 없는 사람은 참으로 불행한 사람입니다. 모든 것을 다 가져서, 모든 것이 다 이루어져서 더 이상 기도할 것이 없어진 사람은 불행한 사람입니다. 마치 하나님이 없어도 살 수 있을 것 같은 바벨탑 안에 사는 것과 같은 사람은 하나님을 향한 갈망이 없습니다. 하나님에 대한 갈망이 없는 사람은 하나님을 만나기가 어렵습니다.

실상 이들은 모든 것을 가진 것이 아니라, 모든 것을 가졌다고 생각할 뿐입니다. 사람은 하나님 앞에 서기 전까지는 자신을 바르게 알 수가 없습니다. 거룩한 사람 앞에 설 때에 비로소 자신의 비참함을 깨닫게 되고, 흠 없는 사람 앞에 설 때에 비로소 자신의 허물이 보입니다. 자신이 부요하다고 하나 참 부요함이 무엇인지 모르고, 자신이 행복하다고 하나 참 행복이 무엇인지 모릅니다. 세상이 예수님을 보았을 때, 비로소 하나님의 은혜와 진리의 충만함이 무엇인지를 보았습니다. 제자들을 보았을 때, 하나님 안에 사는 행복이 무엇인지를 세상은 알게 되었습니다. 그들을 만나기 전에는 나름대로 생각한 은혜와 진리와 행복은 있었지만, 그들이 생각한 것과는 전혀 다른 것이라는 것을 알지 못하였습니다.

　　하나님의 사람은 언제나 가난합니다. 영적인 갈망 때문입니다. 이러한 가난이 결국 우리를 천국으로 데리고 갑니다. 예수님께 나아온 사람들 가운데 모든 것을 다 가진 사람은 없습니다. 무엇인가 부족하고, 모자란 사람들이 주님께 구하였고, 그들이 구하지 아니한 것까지 그들은 주님께 받았습니다.

　　누군가 여러분에게 "나는 하나님이 필요치 않아요."라고 말하거든 그에게 이렇게 말해주십시오. "당신은 자신에게 무엇이 없는지를 알지 못하고 있군요." 하나님을 만나기 전까지 참으로 무엇이 자신에게 필요하고, 없는지를 알지 못합니다. 비행기를 만나기 전까지는 자동차가 가장 빠르다고 생각합니다. 전깃불이 들어오기 전까지 촛불이 가장 밝은 줄 알았습니다. 하늘을 보기 전까지 땅만 있는 줄 알았습니다. 하나님을 만나기 전까지 사람은 자신이 하나님인 줄 압니다.

기도는 영적인 갈망입니다. 기도할 것이 없다는 것은 영적인 갈망이 없다는 것입니다. 이것은 영적인 죽음입니다. 갈망이 없는 삶이란 풍성한 삶이나 평안한 삶이 아니라, 죽은 삶입니다. "나는 하나님이 필요치 않아요."라고 말하는 사람은 "나는 하나님에 대해서 죽어 있어요."라고 말하는 것과 같습니다. 영이 죽었으니 갈망이 없는 것입니다.

전보다 더욱 주님을 갈망하고, 하나님 나라를 배고파합니다. 내 영이 살아있기 때문입니다. "주님 제가 기도할 일이 많아서 감사합니다. 더욱 하나님을 채워갈 것이기 때문입니다."

응답이 되어 주는 삶

가난한 자의 부요함이 되어주고,
미련한 자의 지혜가 되어주고,
약한 자의 강함이 되어주고,
애통하는 자의 위로가 되어주고,
상처당한 사람의 치유가 되어주고,
어둠 속에 있는 사람에게 빛이 되어주고,
하나님의 은혜를 갈망하는 사람들에게
하나님의 은혜가 되어주고... 이것이 온전한 믿음입니다.

저녁예배 후에 귤이 먹고 싶었습니다. "아! 귤이 먹고 싶다." 아이들도 그렇다고 합니다. 그때 초인종이 울리고, 집사님 한분이 귤을 한 상자 가지고 오셨습니다. 얼마나 반가웠겠습니까? 아이들이 얘기합니다. "와! 아빠가 귤이 먹고 싶다고 했더니, 바로 하나님께서 귤을 주시는구나!" 그렇습니다. 이 귤이 반가운 것은 제 기도의 응답이기 때문입니다.

그 집사님은 제가 기도하는 것을 알았을까요? 제가 귤이 먹고 싶다고 한 말을 들었을까요? 그렇지 않습니다. 그러나 그분이 가져온 귤은 하나님의 응답이 된 것입니다. 응답을 받은 저도 기쁜 일이지만, 기도의 응답이 되어 준 집사님은 얼마나 행복할까요? 그분이 하나님의 기도의 응답을 배달했다는 것을 알았다면 그 일을 할 때 얼마나 가슴 벅차했을까요?

우리의 행동 하나 하나가 다른 사람들이 구한 것에 대한 응답이 된다면 우리는 다른 사람에게 하나님의 응답을 배달하는 천사입니다. 우리의 말 한 마디 한 마디가 다른 사람에게 하나님을 향한 믿음을 제공한다면 우리는 하나님의 선지자입니다.

하나님께서는 기도하는 사람도 찾으시지만, 또한 기도의 응답이 될 사람도 찾으십니다. 말씀에 순종할 사람도 찾으시지만, 말씀이 되어 줄 사람도 찾으십니다. 응답 받는 즐거움도 크지만, 응답이 되어 주는 기쁨은 더욱 큽니다. 말씀을 듣는 것도 즐거운 일이지만, 말씀이 되는 것은 더욱 즐겁습니다.

가난한 자의 부요함이 되어주고, 미련한 자의 지혜가 되어주고, 약한 자의 강함이 되어주고, 애통하는 자의 위로가 되어주고, 상처당한 사람의 치유가 되어주고, 어둠 속에 있는 사람에게 빛이 되어주고, 하나님의 은혜를 갈망하는 사람들에게 하나님의 은혜가 되어주고... 이것이 온전한 믿음입니다. 받는 대로 되어지는 삶입니다.

교회 생활을 하다보면 교회의 부족한 부분들이 눈에 보이게 됩니다. 그때 어떤 이들은 불평합니다. 그는 그 교회에 나그네로 있는 것입니다. 반면에 어떤 이는 그 부족함을 자신이 감당해서 채웁니다. 이 사람은 그 교회에 주인으로 있는 것입니다.

이처럼 다른 사람의 눈에는 띄지 않는데 자신의 눈에 특별히 띄는 것이 있습니다. 이것은 하나님께서 당신에게 감당할 사람이 되라고 보게 하신 것입니다. 남들이 보지 못하는 부족함을 당신이 보았습니까? 당신이 그것을 채워야 하겠기에 하나님께서는 당신의 눈에 띄게 하신 것입니다. 당신의 눈에 보이는 이들, 특별히 눈에 확연히 들어오는 것들이 있습니까? 그 일에 당신은 부르심을 받은 사람입니다. 당신은 그 일에 응답이 되어주어야 할 사람으로 보내어졌습니다. 지금 당신은 그분의 응답으로 다른 사람들 앞에 서 있습니다. 당신이 어디에 있든지 하나님께서는 당신에게 다른 사람의 응답이 되어야 할 일을 보이실 것입니다. 이제 다른 사람의 응답이 되십시오.

믿음

자기 아들을 아끼지 아니하시고
우리 모든 사람을 위하여 내주신 이가
어찌 그 아들과 함께 모든 것을 우리에게
주시지 아니하겠느냐 (롬8:32)

    우리는 오감(五感)을 통하여 세상을 느끼게 됩니다. 맛이나, 냄새나, 소리나, 광경이나, 느낌을 안으로 받아들입니다. 이 오감을 통하여 우리는 세상을 만나고, 받아들입니다. 어떤 감각 기관이 살아 있지 않으면 세상에는 있으나, 그 사람이 살아가는 세상에는 없는 것입니다. 감각 기관이 얼마나 발달 되었느냐에 따라서 살아가는 세상이 다릅니다.

예컨대 청각을 잃은 사람은 소리가 없는 세상을 살고, 시각을 잃은 사람은 보이는 것이 없는 세계에 살고, 미각을 잃은 사람은 맛이 없는 세상을 삽니다. 없어서가 아니라, 느끼지 못하기 때문에 세상을 누리지 못하게 됩니다.

믿음은 여러 가지로 정의할 수 있지만, 믿음은 하나님이 사람에게 주신 영적 감각 기관이라고도 이해할 수 있습니다. 믿음을 통하여 우리는 영적인 세계를 감각하게 됩니다. 믿음이 없으면 그 세상을 절대로 깨달을 수도 없고, 살아갈 수도 없습니다.

하나님은 우리와 함께 계시지만, 믿음이 없으면 그 하나님을 느낄 수도 없고, 만날 수도 없습니다. 믿음이 없으면 하나님께서 우리를 위해 성취해 놓으신 많은 일들을 경험할 수가 없습니다. 믿음이 없으면 하나님을 경험할 수가 없습니다. 믿음을 통하여 우리는 하나님을 느끼고, 그 실재 안으로 들어갑니다.

우리의 생활에서도 이러한 모습을 쉽게 발견할 수 있습니다. 우리는 상대방을 신뢰하는 만큼 상대방을 경험합니다. 선생님을 선생님으로 신뢰할 때, 선생님을 경험합니다. 부모님을 신뢰하지 못하면 부모님을 부모님으로 경험하지 못합니다. 누군가를 온전히 신뢰하면 그를 온전히 경험하게 됩니다. 좋은 부분만 신뢰하면 좋은 부분만 경험하고, 좋지 않은 부분까지 신뢰를 보이면 좋지 않은 것까지 경험하게 됩니다.

또한 믿음은 영의 세계가 육의 세계로 나타나는 통로입니다. 믿음을 통로로 하여 하나님은 일하십니다. 믿음은 막힘이 없는 것입니다. 믿음은 하나님께서 나에게 나타나시는 막힘이 없는 길입니다. 주님께서는 내가 보여드린 믿음의 길을 걸어서 내게로 오십니다.

하나님께서는 우리에게 모든 것을 주시기를 원하십니다. "자기 아들을 아끼지 아니하시고 우리 모든 사람을 위하여 내주신 이가 어찌 그 아들과 함께 모든 것을 우리에게 주시지 아니하겠느냐(롬8:32)."

주님은 이 모든 선물을 우리와의 신뢰 관계에서 주시기를 원하십니다. 신뢰 관계를 통하여 우리에게 주어질 때, 그것이 더 나은 신뢰 관계로 나아가기 때문입니다. 또한 신뢰 관계로 받을 때에 그것의 진정한 가치를 알기 때문입니다.

믿음은 하나님의 모든 것을 내 것으로 가져오는 통로입니다. 이 통로를 통하여 십자가의 은혜와 부활 생명도 우리에게 주어집니다. 실상 하나님 편에서는 우리에게 모든 것을 주셨습니다. 이제 우리가 믿음의 통로만 만들면 하나님의 모든 것은 우리에게 전달되어 옵니다.

믿음을 구하십시오. 그분을 받아들이십시오. 그리고 누리십시오. 온전한 믿음은 온전한 하나님을 경험합니다.

법을 지나서

법을 만나기 전에 사람을 만납니다.
법으로 사람을 재단하기 전에 그대로 받아들입니다.
꽃을 꽃으로 보고, 사람을 사람으로 보고,
하늘을 하늘로 보고, 물을 물로 보고…
언젠가는 그 모든 것을 하나로 볼 때도 올 것입니다.

　　꽃이 어떤 이에게는 기쁨이 되지만, 어떤 이에게는 슬픔이 됩니다. 공부가 어떤 이에게는 즐거움이 되지만 어떤 이에게는 괴로움이 됩니다. 꽃은 기쁨도 슬픔도 아닙니다. 공부는 즐거움도 괴로움도 아닙니다. 같은 것이 어떤 이에게는 기쁨이 되고 어떤 이에게는 괴로움이 되는 것은 보는 마음이 다르기 때문입니다. 만약 꽃이 기쁨이라면 모든 사람이 기쁨으로 봐야하고, 공부가 즐거움이라면 모든 사람이 즐거워해야 하는데 그렇지 않습니다. 꽃을 봐도, 공부를 봐도 자신을 보는 것입니다.

약속을 지키지 않는 사람을 만날 때 화가 나고, 게으른 사람을 볼 때 꾸짖고 싶고, 예의 없는 사람을 볼 때 짜증이 나고... 무슨 까닭일까요? 자기 안에 자신이 만든 법이 있기 때문입니다. 그렇게 해서는 안된다는 자신의 법이나 사회적인 법이 있기 때문에 그런 것입니다. 그런 법이 없어진다면 화도, 짜증도 없습니다. 법이 없으면 판단이 없어지고, 정죄도 없어집니다. 그러므로 평안하기를 원하면 자신 안에 있는 법을 포기해야 합니다.

우리 안에는 자신이 만든 법이 많습니다. 이 법이 사람과의 관계 맺기를 힘들게 합니다. 다른 사람을 만나기 전에 먼저 자신의 법을 만납니다. 그 법으로 그 사람을 판단하고, 그 선입관을 가지고 만나니 사람을 만나지 못하고, 자기 안의 법을 만나는 것입니다.

어렸을 때에는 그냥 친구로 만납니다. 쉽게 만나서 친구가 됩니다. 비슷한 나이면 친구가 되고, 나이가 많으면 형이 됩니다. 어른이 되면서 사람들은 더 복잡해집니다. 능력에 대한 자기 만의 생각(법)이 생기면서 유능한 사람과 무능한 사람으로 봅니다. 지식에 대한 법이 생기면서 무식한 사람과 유식한 사람, 예의에 대한 법이 생기면서 예의 바른 사람과 무례한 사람, 미(美)에 대한 법이 생기면서 잘 생긴 사람과 못 생긴 사람으로 봅니다. 이제는 사람을 만나기 전에 먼저 이런 것들이 보입니다. 그러니 사람을 만나지 않습니다. 이것이 인간관계를 힘들고 복잡하게 만듭니다.

　이제 법을 만나기 전에 사람을 만납니다. 법으로 사람을 재단하기 전에 그대로 받아들입니다. 꽃을 꽃으로 보고, 사람을 사람으로 보고, 하늘을 하늘로 보고, 물을 물로 보고... 언젠가는 그 모든 것을 하나로 볼 때도 올 것입니다. 그때에는 세상이 온 통 '나'이며, 내가 '세상'이라는 것을 알게 될 것입니다. 그때를 보고 싶습니다.

보이려고 살지 않습니다

자신을 증명하려 하지 마십시오.
그냥 당신으로 살아가십시오.
당신으로 살아가는 것이
당신을 가장 잘 보여주는 것입니다.

　　자신이 어떤 사람인지를 증명하려고 살아가는 사람들이 있습니다. 자신이 착하다는 것을 증명하기 위해서 선을 행하는 사람, 자신이 유능하다는 것을 증명하기 위해서 힘쓰는 사람, 자신이 그리스도인이라는 것을 증명하기 위해서 믿음 생활하는 사람, 자신이 선생님이라는 것을 증명하기 위해서 지식을 자랑하는 사람... 얼마나 힘들겠습니까?

꽃은 자신이 꽃이라는 것을 주장하지 않고, 증명하려고도 하지 않습니다. 바람은 바람이기 때문에 부는 것이지, 자신이 바람인 것을 보여주려고 불지 않습니다. 바람은 불고, 꽃은 피고, 물은 흐르고, 태양은 비춥니다. 그냥 그대로일 뿐입니다. 그대로 살아가니, 그대로 보입니다. 또한 힘들지도 않습니다. 물은 힘들게 흐르지 않고, 바람은 힘들게 불지 않고, 꽃은 외롭게 서 있지 않습니다. 그냥 그대로입니다.

바리새인들은 예수님께서 그리스도 됨을 증명할 만한 표적을 보이라고 요구하였습니다. 그러나 예수님은 그들에게 보여줄 표적이 없다고 하였습니다. 예수님은 자신이 그리스도라는 것을 증명하려고 하지 않았습니다. 그냥 그리스도임으로 그리스도로 살아가셨습니다. 증명하기 위해서 표적이나 기적을 행하지 않았습니다. 다만 그리스도로 살아갈 때 표적과 기적이 나타났습니다.

말을 유창하게 하는 사람이 침묵을 하면 다른 사람들이 힘들어 합니다. 또한 말을 유창하게 하지 못하는 사람이 말을 유창하게 하려고 하면 다른 사람들이 부담스러워합니다. 말을 어눌하게 하여도 훨씬 감동적인 사람은 그냥 어눌하게 말하는 것이 좋습니다. 말을 유창하게 하는 사람은 유창하게 말하며 사는 것이 좋습니다.

자신을 보이기 위해서 살지 마십시오. 과시하려고 하지 마십시오. 그냥 당신으로 살아가십시오. 쉽게 살아가십시오. 하나님께서 당신에게 주신 것으로 살아가십시오. 그때 가장 잘 할 수 있습니다. 그것이 표적이 되고 기적을 만들 것입니다. 자기 것으로 하는 것이 가장 쉽습니다.

지식을 말하는 것은 어려워도, 경험을 말하는 것은 쉽습니다. 자기 것이기 때문입니다. 가르치기는 힘들어도 간증하기는 쉽습니다. 자기 것이기 때문입니다. 자기 것으로, 있는 대로, 하나님이 주신 대로 살아가는 것이 쉽습니다. 또한 가장 아름답습니다. 자신이 아닌 사람으로 살아가는 것은 매우 힘든 일입니다. 보는 사람도 또한 부담스럽습니다.

자신을 증명하려 하지 마십시오. 그냥 당신으로 살아가십시오. 당신으로 살아가는 것이 당신을 가장 잘 보여주는 것입니다.

가진 것으로 시작합니다

먼저 가진 것부터 감사하십시오.
당신이 가지고 있는 것을 먼저 헤아려 보십시오.
감사하지 않고 그냥 받아서 곳간에 던져 놓은
먼지 쌓인 것들을 꺼내서 다시 감사로 받아들이십시오.

    사업을 하는 사람은 모든 것을 다 쌓아놓고 시작하지 않습니다. 시작할 만큼의 자산만 있으면 시작합니다. 농사꾼이 추수할 모든 곡식을 가지고 농사일을 시작하지 않습니다. 시작할 만큼의 종자만 있으면 시작합니다. 인생을 살아가는 사람이 인생의 모든 것을 다 준비하고 시작하지 않습니다. 하루 살아갈 힘으로 살아가는 것이며, 하루치 양식으로 살아갑니다. 내일 것은 내일 채워집니다.

아이에게 어른이 먹을 것을 미리 줄 필요도 없고 주지도 않습니다. 청년의 때에 노년의 즐거움을 주지도 않습니다. 청년의 때에 노년의 즐거움을 안다면, 그는 청년의 때의 즐거움을 누리지 못하게 됩니다.

사흘이나 굶으면서 예수님과 함께 머물고 있던 무리들을 예수님은 불쌍히 여기셨습니다. 그들에게 먹을 것을 주려고 하였으나, 먹을 것이 없었습니다. 예수님은 제자들에게 말씀합니다. "너희에게 떡 몇 개나 있느냐?" 그 무리들을 먹이기에 몇 개나 필요한지를 묻지 않으셨습니다. 가진 것이 무엇인지를 물었습니다. 그리고 가진 것으로 감사하고 나누기 시작하였습니다. 한 사람을 먹일 때, 그 사람을 먹일 것이 생겼습니다. 또 가진 것으로 계속하여 나누기 시작하였습니다. 4천명을 먹이시고도 일곱 광주리나 남았습니다. 가진 것으로 시작하였을 때 점점 많아지고 모두를 먹일 수 있었습니다.

먼저 가진 것부터 감사하십시오. 당신이 가지고 있는 것을 먼저 헤아려 보십시오. 감사하지 않고 그냥 받아서 곳간에 던져 놓은 먼지 쌓인 것들을 꺼내서 다시 감사로 받아들이십시오. 이미 준 것도 감사하지 못하면서 더 많은 것을 달라고 한다면 얼마나 미련한 일입니까? 단순히 가진 목록만 추가하기 위해서 더 많은 것을 찾는 것은 어리석은 일입니다. 오늘 먹을 양식을 감사하지 않고, 내일 것을 구하는 사람은 매일 부족한 삶을 삽니다. 내일 것을 구하기 전에 오늘 있는 것부터 감사하십시오. 하나의 사과를 손에 들고 감사하지도 않고 먹지도 못하는 사람에게, 두 개를 준다고 한들 감사가 있겠습니까? 먹기를 하겠습니까? 많아도 소용없는 일입니다. 기쁨과 감사가 되지 못하는 일들은 다 곳간에 먼지를 뒤집어 쓴 채 썩어져 갈 뿐입니다.

　가진 것으로 감사를 시작하십시오.
　가진 것으로 헌신을 시작하십시오.
　가진 것으로 사업을 시작하십시오.
　가진 것으로 나눔을 시작하십시오.

　시작을 하지 않기 때문에 더 많은 것을 경험하지 못합니다. 그냥 그대로 성장하지 않은 채로 있는 것입니다. 가진 것으로 시작하면 때에 맞는 것으로 채워지고 경험하게 됩니다. 먼저 가진 것을 헤아리고 감사하고, 그것으로 무엇을 할 수 있는 지를 기도하십시오. 그리고 시작하십시오. 그래야 더 많은 곳을 여행하게 됩니다. 가진 것으로 시작하십시오.

있어서 더욱 쉽습니다

그리스도인이 보는 것은 세상이 보는 것과 다르기 때문에,
세상 사람들이 귀하게 여기는 것들을
그리스도인들은 쉽게 버릴 수 있고,
세상 사람들이 가치 없게 여기는 것을 위해서
모든 것을 팔아 그것을 사기도 합니다.
이것입니다. 이것이 하나님 나라를 살아가는 사람의 모습입니다.

운동을 하는데 정장을 하지 않습니다. 산을 오르는데 짐을 너무 많이 챙기지 않습니다. 여행을 하는데 편하다고 침대를 가지고 가지는 않습니다. 필요한 만큼을 가지고 사는 것이 지혜입니다. 더 이상 가지면 운동하는데 거추장스럽고, 산을 오르고 여행을 하는데 방해가 되기 쉽습니다.

종종 이사를 하다보면 쓸모는 없지만 버리기 아까워서 버리지 못하는 물건들이 있습니다. 버리기 아까운 마음이 사라질 때까지 간직합니다. 그리고 몇 년이 지나면 귀찮고 거추장스러운 마음이 듭니다. 그때 버립니다. 쓸모 있어서 놔둔 것이 아니라, 그냥 누구 주기는 아깝고 버리기는 더 아까워서 그렇게 합니다.

한 부자 청년이 예수님을 찾아왔습니다. 그는 무엇을 해야 영생을 얻는지 예수님께 물었습니다. 예수님은 영생을 얻기 위해서 그가 가진 재물을 다 팔아 가난한 자에게 나누어주고 예수님을 좇으라고 하였습니다. 그러나 그는 재물이 많아서 근심하며 그냥 돌아갔습니다. 재물이 오히려 복이 아니라 화가 된 것입니다.

재물이 있어서 예수님을 따르는 것이 더욱 행복한 일이 되어야 하지 않겠습니까? 건강이 없는 것보다 있는 것이 주님을 따르는 데 유익해야 하지 않겠습니까? 지식이 있어서 주님을 알아가는 것이 더욱 쉬워야 하지 않겠습니까? 그런데 많은 사람들이 재물이 많아서 오히려 주님을 따르기 힘들어하고, 건강해서 헌신하기 어려워하고, 영리해서 순종하기 어려워합니다.

그리스도를 따라가는데 도움이 되지 않는다면 귀한 것이라 하더라도 버릴 줄 알아야 합니다. 그리스도인에게는 그리스도를 따라가는데 유익한 것만이 귀중한 것입니다. 세상이 아무리 귀하다 하더라도 그리스도를 따라가는데 방해가 된다면 그것은 귀한 것이 아니라, 넘어지게 하는 것입니다.

그리스도인에게 가장 귀중한 보화는 그리스도를 따라가게 하는 것들입니다. 가난이 그리스도를 따라가는데 유익하다면 가난이 보화입니다. 아름다운 집보다도 장막이 주님을 따라가는데 유익하다면 장막이 집보다 훨씬 귀한 보화입니다.

그리스도인에게는 모든 것이 보화입니다. 가진 모든 것이 그리스도를 따라가는데 유익한 것들이기 때문입니다. 그리스도인은 부요합니다. 그리스도를 따르는데 필요한 모든 것을 가지고 있기 때문입니다. 그리스도인은 행복합니다. 모든 것을 버리더라도 가장 귀한 보화를 가졌기 때문입니다.

자동차를 수집하는 사람은 비싼 새 차를 팔아 오래된 차를 사는 것을 기뻐합니다. 소장할 가치가 있는 것이 그에게는 가장 소중한 것입니다. 그가 보는 차의 가격은 자동차딜러가 보는 것과 다릅니다. 그리스도인이 보는 것은 세상이 보는 것과 다르기 때문에, 세상 사람들이 귀하게 여기는 것들을 그리스도인들은 쉽게 버릴 수 있고, 세상 사람들이 가치 없게 여기는 것을 위해서 모든 것을 팔아 그것을 사기도 합니다. 이것입니다. 이것이 하나님 나라를 살아가는 사람의 모습입니다.

재물이 있어서 주님을 더욱 가까이 따라갈 수 있고, 주님과 더불어 가는 것이 행복한 일이라면 재물은 소중한 것입니다. 건강해서 주님을 더욱 살아갈 수 있다면 건강은 우리에게 귀한 것입니다.

우리에게 있는 모든 것이 "있어서 더욱 주님을 따르기가 쉽다."면 우리는 부요한 자입니다. "있어서 더욱 쉽습니다." 우리가 가진 모든 것에서 이 고백을 할 수 있기를 바랍니다.

기도와 그리기

기도는 '그리기(Drawing)'하는 것입니다.
교회의 부흥을 기도한다면,
기도하면서 부흥의 모습을 그려갑니다.
누군가 당신에게 그림으로 그 부흥을 그려보라고 할 때
그려서 보일 수 있을 만큼 선명한 모습을 갖도록
주님과 함께 그려갑니다.

생각에도 없는 것을 당신은 만들어 낼 수가 없습니다. 설계도가 없이 집을 지을 수가 없습니다. 구체적인 도면이 아니라 하더라도, 생각으로라도 어떤 물건을 만들어낼 것인지 그림을 가지고 있어야 만들어낼 수 있습니다. 건축 시공자에게 집을 지어달라고 부탁하면 아마 그는 당신에게 설계도를 먼저 보여줄 것을 요구할 것입니다. 그에게 설계도를 주지 않는다면 그는 당신이 원하는 집을 지어줄 수가 없습니다.

　기도는 '그리기(Drawing)'하는 것입니다. 주님과 자신이 원하는 바를 그려가는 것입니다. 교회의 부흥을 기도한다면, 기도하면서 부흥의 모습을 그려갑니다. 누군가 당신에게 그림으로 그 부흥을 그려보라고 할 때 그려서 보일 수 있을 만큼 선명한 모습을 갖도록 주님과 함께 그려갑니다. 당신의 기도에서 부흥이 그려질 때, 당신은 기도의 응답을 갖게 될 것입니다.

　무엇을 구하는지 알지도 못하고 구하는 기도가 많습니다. 마치 야고보와 요한이 예수님께 "주의 나라에서 하나는 주의 우편에, 하나는 주의 좌편에 앉게 명하소서(마20:21)"라고 구했던 것과 같습니다. 예수님은 그들을 향하여 "너희가 구하는 것을 알지 못하는도다"라고 대답하셨습니다. 좌편과 우편이 무엇인지도 모르고 그냥 그 자리가 영광스러울 것 같아서 구한 것입니다. 복이 무엇인지도 모르고 복을 달라고 구하고, 잘 사는 것이 무엇인지도 모르고 잘 살기를 구합니다.

　결혼 한 후에 처음으로 집을 장만하여 입주를 준비하면서, 부부가 집을 어떻게 꾸밀까 서로 이야기를 나누는 것은 얼마나 큰 행복이겠습니까? 가구는 어떤 것을 준비하고, 침실은 어떤 방으로 할 것인지, 도배는 무슨 색깔로 하는 것이 좋은지, 조명은 어떻게 하는 것이 좋은지... 두 사람은 이렇게 그려진 그림을 가지고 집을 꾸며갈 것입니다.

  기도하는 시간에는 이런 행복이 있습니다. 사업가는 주님과 구체적인 사업 내용을 그려갑니다. 교사는 주님과 가르칠 내용을 준비합니다. 목사는 목회할 교회와 성도를 그려갑니다. 청년들은 자신의 장래를 그려갑니다. 기도를 통하여 우리의 인생은 더욱 구체적이 되어가고, 기도했던 문제들은 주님 안에서 해답을 찾아갑니다. 막연한 두려움이 떠나가고, 땅이 혼돈하고 공허하며 흑암이 깊음 위에 있던 세상에 빛이 비추이고, 궁창이 생기고, 해와 달과 별이 떠오르고, 동식물들이 생겨나고, 에덴동산의 모든 그림이 그려집니다. 이제 그려진 그림은 당신의 세상이 될 것입니다. 기도는 새로운 세상을 창조해내는 시간이니, 얼마나 놀라운 감격의 시간입니까?

  기도하면서 그림을 그려 가십시오. 기도로 본 그림을 당신은 가질 수 있습니다.

세상의 짐을 거부함

하나님께서는 당신이 하고 싶어 하는 것,
얽매임이 없이 자유함으로 하는 것을 원하십니다.
진리를 알지니 진리가 너희를 자유케 하리라.

　하나님께서는 사람에게 짐을 지워준 적이 없습니다. 그 짐은 사람들이 스스로 지거나, 세상이 지워주거나, 마귀가 지어준 짐입니다.
　이스라엘 백성들이 애굽에서 400여년을 종으로 지낸 후에 하나님께서 모세를 통하여 불러내셨습니다. 모세와 아론이 하나님의 말씀으로 바로에게 이스라엘 백성이 예배할 수 있도록 보내달라고 요청합니다. 그때 애굽의 왕 바로는 이스라엘을 내보내지 않기 위해서 벽돌 만드는 일을 더욱 힘들게 합니다. 벽돌 만드는 일이 더욱 힘들어지게 되자, 이스라엘 지도자들은 모세와 아론을 원망합니다. 모세와 아론이 그들을 힘들게 하였다고 말합니다. 그러나 실상 모세와 아론이 벽돌을 만들게 한 것이 아니라, 바로가 힘들게 한 것입니다.

하나님께서 자녀를 교육시켜야 한다고, 더 좋은 차를 타야한다고, 다른 사람보다 부자가 되어야 한다고, 더 탁월한 지식을 가져야 한다고 말씀하신 적이 없습니다. 세상이 그렇게 말합니다. 그런데 그것을 얻지 못하면 하나님을 원망합니다. 원하는 학교에 들어가지 못하면 하나님께 원망하고, 승진에서 탈락하면 하나님께 원망하고, 집을 넓히지 못하면 하나님을 원망합니다. 하나님께서는 우리에게 학교에 들어가야 한다고, 승진을 해야 한다고, 집을 넓혀야 한다고 말씀하신 적이 없습니다. 그런데 마치 그래야 하는 것처럼 착각하고, 그렇지 못하면 힘들어 합니다. 세상이 지어준 짐을 지고 힘들어 합니다. 그리고 하나님께 복을 달라고 기도합니다. 그 짐을 가볍게 해주는 것이 복이라고 생각합니다. 짐은 없습니다.

하나님께서는 세상이 지워준 짐에서 자유케 하십니다. 애굽에서 나와야 애굽에서 자유합니다. 애굽을 가나안으로 바꾸려고 하면 더욱 힘만 듭니다. 하나님께서 애굽을 떠나서 가나안에 들어가라고 말씀합니다. 세상이 주는 짐을 부인하고, 하나님이 주신 것을 받으십시오. 당신을 불행하다고 하는 세상의 판단을 거부하십시오. 미련하다고 하고, 실패했다고 하고, 불행하다고 하는 세상의 판단을 거부하십시오. 당신은 하나님 앞에서 미련하거나 실패하거나 불행하지 않습니다. 세상이 만들어 놓은 짐을 지고서, 그래야 하는 것처럼 생각하지 마십시오.

우리가 힘들어 하는 것의 대부분이 세상이 지워놓은 짐 때문입니다. 성공이라고 하는 짐, 명예와 권세라고 하는 짐을 져야 하는 것처럼 생각하지 마십시오. 세상의 가치를 거부하십시오. 그리고 가나안에 거하십시오. 하나님이 주시는 것을 받는 것입니다. 하나님의 보호하심을 믿음으로 받고 안전하십시오. 하나님의 공급하심을 믿음으로 받고 평안하십시오. 하나님의 구원을 믿음으로 받고 자유하십시오. 세상의 짐을 거부하십시오. 그렇게 살아갈 수 있을까요? 그럼요. 그렇게 살아갈 수 있습니다.

세상이 마치 그래야 하는 것처럼 당신을 만들어가는 것을 주의하십시오. 세상 사람들이 만들어 놓은 틀에 자신을 맞추어서 그 틀에서 성공하려고 하는 순간부터 당신은 세상이 지우는 짐을 짊어지는 것입니다. 세상의 틀을 거부하면 당신은 자유하게 됩니다. 이제 당신이 원하는 것을 하십시오. 공부가 하고 싶으면 공부를 하시고, 사업이 하고 싶으면 사업을 하시고, 권세를 얻고 싶으면 권세를 얻으십시오. 세상이 그렇게 해야 한다고 해서 하지는 마십시오. 당신이 하고 싶어서 하십시오. 그러면 그것 때문에 무거워하지는 않을 것입니다. 하나님께서는 당신이 하고 싶어 하는 것, 얽매임이 없이 자유함으로 하는 것을 원하십니다. 진리를 알지니 진리가 너희를 자유케 하리라. 가나안으로 들어가면 애굽의 법은 무효합니다. 하나님의 나라에 살면 애굽의 법은 당신을 해할 수 없습니다. 세상의 짐을 거부하십시오.

쉽게 살다

무엇인가 만들고자 힘쓰던 삶에서 걸어 나오십시오.
나를 만들어 가시는 분,
시간을 흘러가게 하시는 분,
모든 것을 있게 하시는 분,
성취하시는 하나님께서 빚어가는 대로
만들어져 가십시오.

    중력의 법칙에 반(反)하여 산다는 것은 어렵습니다. 물체가 떨어지는 것은 쉽습니다. 그러나 높이 던져 올리는 것은 어렵습니다. 물이 아래로 흐르는 것은 쉽지만, 위로 흐르는 것은 어렵습니다.
    우리가 경험하는 많은 어려움들은 하나님의 법을 반(反)하여 사는 데서 오는 것입니다. 용서하고 사는 것이 용서하지 않고 사는 것보다 쉽습니다. 마음의 짐이 없어지기 때문입니다. 용서하지 않는 것은 사람이 살아가는 원래의 모습에 반하기 때문에 우리의 마음이 힘들어 합니다. 힘든 것은 상황이 아닙니다. 상황은 상황일 뿐입니다. 힘들어하는 것은 마음입니다. 하나님의 뜻에 순응할 때, 우리의 마음은 힘들어하지 않습니다.

하나님의 나라는 쉬운 것입니다. 내가 하는 것이라면 어렵지만, 하나님의 나라는 내가 하는 것이 아니기 때문에 쉽습니다. 무엇을 성취하는 것이 아니라, 이미 이루어 놓은 것을 살아가는 것이기 때문에 쉽습니다. 지식으로 하는 것이 아니라, 영으로 하는 것이기 때문에 쉽습니다.

우리는 만들어져 가는 사람입니다. 무엇을 만들어가는 사람이 아닙니다. 만들어져 가면 쉽습니다. 무엇인가 만들어내려고 하면 어렵습니다. 내 인생을 만드는 것은 어렵습니다. 그러나 하나님께서 만드시는 대로 되어가는 것은 쉽습니다. 내어 맡기면 됩니다. 바람을 일으키는 것은 어렵지만, 부는 바람에 내어 맡기는 것은 쉽습니다.

지금 당신은 이 자리에 오려고 해서 온 것이 아닙니다. 앞으로도 그럴 것입니다. 그런데도 자기가 어딘가에 도달하겠다고 힘쓰고 애쓴다면 얼마나 어리석습니까? 앞으로도 우리가 가려고 하는 자리에 갈 수 없다면, 하나님께서 인도하시는 대로 그분의 뜻에 내어 맡기며 사는 것이 쉬운 인생이 되지 않겠습니까?

어떤 사람이 어두운 밤에 길을 가다 절벽에서 발을 헛디뎌 떨어졌습니다. 다행스럽게 간신히 절벽 난간을 붙잡았습니다. 밤새도록 떨어지지 않기 위해 안간힘을 다해 그 절벽을 붙잡고 있었습니다. 날이 밝아옵니다. 더 이상 버틸 힘이 없습니다. 절벽을 붙잡고 있던 손을 놓았습니다. "이제 죽었구나!" 생각하였습니다. 그런데 이게 무슨 일입니까? 발바닥에 무엇인가 닿는 것입니다. 날이 밝았습니다. 보았습니다. 땅 바닥이었습니다. 그렇게 힘쓰고 애쓰고 붙잡던 손을 놓아도 아무 일이 없었는데, 밤새도록 힘써 붙잡고 있었던 것입니다. 손을 놓아도 아무렇지도 않은데, 그냥 붙잡고 있느라 힘들었던 것입니다.

이제 무엇인가 만들고자 힘쓰던 삶에서 걸어 나오십시오. 나를 만들어 가시는 분, 시간을 흘러가게 하시는 분, 모든 것을 있게 하시는 분, 성취하시는 하나님께서 빚어가는 대로 만들어져 가십시오. 가장 아름다운 모습, 행복한 모습으로 나올 것입니다. 힘쓰고 애쓰는 삶에서, 이제 하나님의 신으로 인도함 받는, 만들어져 가는 삶으로 살아가십시오.

믿음에서 당신의 몫

당신의 삶이 하나님의 섭리와 계획 아래 있다는
믿음을 가질 때, 당신은 모든 것을 자유롭게 할 수 있습니다.

믿음은 100% 내게 속한 것이며, 100% 하나님께 속한 것입니다. '내가' 하나님을 믿는 것입니다. 내가 하는 것이기에 불신에 대해서 책임도 내가 져야 합니다. 내가 믿을 수도 믿지 않을 수도, 예수님을 영접할 수도 거절할 수도 있습니다. 그러니 믿음은 내게 속한 것입니다.

또한 하나님이 아니면 나는 믿음을 가질 수가 없습니다. 그러니 믿음은 은혜라고 할 수 있습니다. 믿고 싶다고 믿어지는 것이 아닙니다. 믿음이 주어져야 믿을 수 있습니다.

믿음은 이처럼 한편으로는 내게 속하였다고 할 수 있으며, 한편으로는 하나님께 속한 것이라 할 수 있습니다. 믿음은 내가 가질 수도 버릴 수도 있으니 내게 있는 것이요, 또한 믿고 싶어도 믿음이 주어지지 않으면 믿을 수 없으니 믿음은 하나님께 속한 것입니다.

물에 빠진 사람을 건져내려고 손을 내밀었습니다. 손을 잡거나 잡지 않거나 그것은 100% 그의 마음에 달려있습니다. 또한 그를 구원하고자 하는 손이 없다면 그는 구원을 받을 수 없습니다. 그가 손을 붙잡지 않아도 죽고, 그를 구하고자 내미는 손이 없어도 죽습니다. 그러니 살고 죽는 것이 손을 내민 사람에게 있는 것일 뿐만 아니라, 손을 붙잡아야 할 자신에게도 있습니다.

이제 믿음을 가지도록 하십시오. 당신은 믿음을 가질 수도 버릴 수도 있습니다. 믿음은 당신이 선택하는 것입니다. 하나님께서는 우리에게 믿음을 주시기 원하십니다. 우리에게 하나님을 향한 믿음을 갖게 하시기 위해, 하나밖에 없는 아들을 세상에 보내신 것입니다.

예수님께서는 의심 많은 도마를 향하여 "... 믿음 없는 자가 되지 말고, 믿는 자가 되라(요20:27)"고 말씀하셨습니다. 당신은 원하면 언제나 믿음을 가질 수 있는 사람입니다. 믿음이 생기지 않는다면 하나님께 "나의 믿음 없는 것을 도와주소서(막9:24)"라고 기도할 때, 언제든지 믿음을 공급받을 수 있습니다. 하나님께서는 당신과 믿음의 관계를 만들기 원하시기 때문입니다.

하나님에 대한 믿음만이 우리의 삶에 안정감을 줍니다. 아무것도 믿을 수 없는 인생을 살아갈 수는 없습니다. 오직 불안과 염려만이 있을 뿐입니다. 모든 것이 불확실성 아래 있기 때문입니다. 그러나 이 세상을 붙들고 경영하시는 하나님에 대한 믿음이 있는 사람은 불안하지 않습니다. 그분의 보호 아래 있다는 믿음으로 평안하고, 그분을 공급자로 삼는 사람은 먹을 것을 위하여 염려하지 않습니다.

하나님에 대한 믿음을 가지십시오. 당신의 삶이 하나님의 섭리와 계획 아래 있다는 믿음을 가질 때, 당신은 모든 것을 자유롭게 할 수 있습니다. 당신의 삶이 오직 하나님의 은혜와 사랑 안에서 계획된 것이라는 믿음이 있을 때, 당신은 모든 것을 감사할 수 있습니다.

하나님에 대한 믿음을 가지십시오. 이 믿음은 당신이 선택할 수 있는 것입니다. 또한 이 믿음은 당신의 삶을 변화시킬 수 있습니다. 믿음은 당신의 몫입니다.

내 인생 이야기하기

내게 아무런 능력과 지혜가 없어도,
주님이 어떻게 쓰시느냐에 따라서
언제든지 달라질 수 있는 인생입니다.
이제 만들어지는 인생으로 살아갑니다.
그분이 빚으시는 대로 내어 맡깁니다.

    주님의 인도함을 받는 사람은 자신의 삶을 이야기하는 방식이 다릅니다. 과거에는 모두 자기가 했다고 말합니다. 자기가 결정하고, 자기의 능력으로 하고, 자기의 경험과 지식으로 했다고 말합니다. 그러다가 믿음이 자라가며 점점 '나' 라는 사람이 무엇을 '하는(doing)' 사람에서 '되어가는(being done)' 사람이라고 고백합니다.
    "내가 직장을 선택하여 들어갔습니다."라는 고백에서 "주님께서 저를 그 직장에 보내셨습니다."라는 고백으로 바뀌어 갑니다. "내가 그 일을 해내고 말았습니다."라는 고백에서 "주님께서 그 일을 해결해 주셨습니다."라는 고백으로 바뀌어갑니다. "내가 배우자를 선택하였습니다."라는 고백에서 "주님께서 제게 배우자를 만나게 하셨습니다."라는 고백으로 바뀌어갑니다.

이러한 삶을 바울 사도는 다음과 같이 고백합니다. "나의 나 된 것은 하나님의 은혜로 된 것이니…(고전15:10)" 자신의 삶은 하나님의 은혜로 만들어진 것이라고 고백합니다. 이런 인생은 실패가 없습니다. 내가 한 것이라면 실패가 있겠지만, 하나님께서 하신 것이라면 실패가 있을 수 없습니다. 일이 잘 되어도 하나님의 목적 안에서 된 것이고, 일이 잘 못 되어도 하나님의 계획안에 있기 때문입니다. 그러니 염려와 근심 대신에, 기대와 소망으로 충만한 삶을 살아갑니다. 내가 내 능력을 아는 까닭에 아무 것도 기대할 수 없다가, 주님께서 만들어 가시니 그분의 능력과 지혜의 풍성함을 기대하며 '만들어지는 나의 인생'에 대해서 새로운 소망을 갖게 됩니다.

나의 삶은 나를 만들어 가시는 '하나님의 이야기'입니다. 그래서 성경에 나온 모든 사람들의 이야기가 하나님의 이야기가 된 것입니다. 아브라함도, 이삭도, 야곱도 모두 하나님의 이야기로 기록되어 있습니다. 하나님에 의해서 만들어지는 풍성한 삶의 이야기입니다. 내 삶의 이야기가 하나님의 이야기가 되어 질 때, 우리는 하나님을 경험하게 됩니다. 그분의 능력과 인도하심을 경험하게 됩니다.

혹 인생에 의혹이 많고, 불평과 원망이 여전히 마음을 괴롭히고 있습니까? 그렇다면 자신의 이야기를 하나님의 이야기로 다시 한 번 정리하고, 고백해 보세요. "나는 왜 그 사람을 만났을까?"라는 질문을 "하나님께서는 왜 나로 하여금 그를 만나게 하셨을까?"라고 바꾸어 물어보십시오. 대답이 선명해질 것입니다. "저는 힘든 인생의 골짜기를 지나왔습니다."라는 고백에는 아무 것도 남지 않습니다. 그러나 "주님께서 그 골짜기로 저를 인도하셨습니다."라고 고백하면 그곳에서 많은 보화를 캐내어가게 됩니다.

우리는 목자가 아니라 양입니다. 인도하는 인생이 아니라, 인도 받는 인생입니다. 만드는 인생이 아니라, 만들어지는 인생입니다. 무엇을 하는 인생이 아니라, 되어 지는 인생입니다. 지금 내게 아무런 능력과 지혜가 없어도, 주님이 어떻게 쓰시느냐에 따라서 언제든지 달라질 수 있는 인생입니다. 이제 만들어지는 인생으로 살아갑니다. 그분이 빚으시는 대로 내어 맡깁니다. 그리고 기대하고 소망합니다. 천지를 만드신 하나님의 세심한 그 손으로 나를 만들어 가시니 소망으로 가득합니다.

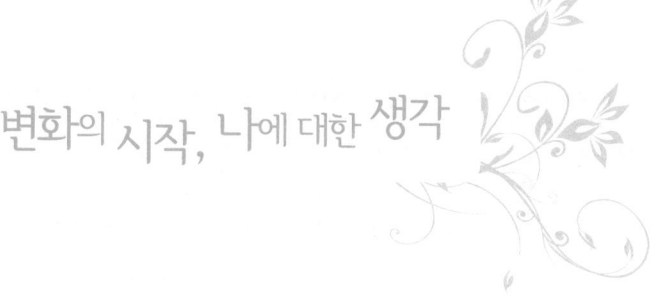

변화의 시작, 나에 대한 생각

우리는 스스로를 정죄하여 힘들어 하고,
스스로 열등감 속에 빠져 좌절합니다.
이제 자신에 대한 생각을 바꾸십시오.
그리스도 안에서 그 변화된 자신을 먼저 경험하십시오.

자신에 대한 생각이 바뀌기 전에는 결코 자신은 바뀌지 않습니다. 모든 변화의 시작은 자신에 대한 변화된 생각입니다. 자신이 미련하다 생각하는 사람은 결코 총명해질 수 없습니다. 자신이 가난하다고 여기는 사람은 부요해지지 않습니다. 자신 안에 부요함의 가능성이 느껴지고, 깨달아질 때 변화는 일어나기 시작합니다.

하나님께서 아브라함을 부르실 때 먼저 그의 생각을 바꾸셨습니다. 아브라함에게 하늘의 별과 같이, 땅의 티끌과 같이 자손이 많게 될 것이라는 생각을 먼저 넣어주셨습니다. 자신을 새롭게 생각하도록 하신 것입니다. 아브라함은 이 하나님께서 심어주신 '자신에 대한 생각'을 붙잡았습니다.

요셉에게 하나님께서 처음으로 하신 일도 그에게 '하나님의 생각'을 심어주시는 것이었습니다. 해와 달과 열한 별들이 그에게 경배하는 꿈을 꾸게 됩니다. 이것은 요셉 자신에 대한 생각을 바꾸었습니다. 하나님께서 요셉에게 주신 꿈은 요셉 자신에 대한 생각을 바꾸시기 위한 것이었습니다.

우리는 그리스도 안에서 새로워진 '나(self)'를 발견하게 됩니다. 자신에 대한 생각이 바뀌게 됩니다. 하나님의 자녀의 권세가 있음을 발견하게 되고, 하나님의 성전임을 발견하게 되고, 그리스도 안에서 모든 것을 할 수 있는 사람임을 발견하고, 누구도 정죄할 수 없는 사람임을 발견하게 됩니다. 하나님께서 우리에게 심어 놓으신 '하나님의 생각'으로 자신을 바라보게 됩니다. 그리고 이것이 나를 바라보는 나의 생각이 됩니다. 이때 우리의 삶은 변화를 경험합니다.

하나님께서 보시는 나를 주목하여 보고, 그 생각으로 충만하게 되십시오. 그 생각으로 자신을 바라보십시오. 하나님께서는 내가 나를 바라보는 눈을 바꾸기 원하십니다.

우리는 스스로를 정죄하여 힘들어 하고, 스스로 열등감 속에 빠져 좌절합니다. 이제 자신에 대한 생각을 바꾸십시오. 그리스도 안에서 그 변화된 자신을 먼저 경험하십시오. 그리스도 안에 있는 자신을 바라보십시오. 그리스도 안에 있는 내가 '나'임을 인정하고, 받아들이십시오. 그리고 변화를 경험하십시오.

나보다 하나님

'작은 나'를 묵상하는 것보다
'크신 하나님'을 묵상하고,
붙들도록 하십시오.
주의 크신 팔에 붙들릴 때,
우리의 사역뿐만 아니라,
내면도 거룩함을 경험하게 됩니다.

나의 약함보다 하나님의 강함을 붙들고, 나의 죄악보다 주님의 용서를 붙들고, 나의 본성보다 주님의 성품을 붙들려고 합니다. 우리가 말씀 앞에서 자신을 돌아보는 것은 매우 중요합니다. 그러나 돌아봄을 통해서는 아무 것도 할 수 없습니다. 오직 '내게 능력주시는 자 안에서' 모든 것을 할 수 있습니다. 자신을 '돌아보는 것'은 나에게 집중하는 것이요, 가던 길에서 '돌아서는 것'은 오직 주님께서 행하시는 일입니다. 놀랍게도 사단은 저에게 항상 하나님 앞에서 너무나 초라한 제 모습만 생각나게 합니다. 하나님의 은혜를 더 이상 기대할 수 없는 나약한 존재라는 사실 앞에서 오히려 신앙의 좌절을 경험하게 합니다. 반면에 성령님께서는 언제나 제 안에서 행하시는 하나님을 생각나게 합니다. 하나님을 붙들 때, 일어날 용기를 갖습니다. 이제 하나님께 집중합니다. 크신 하나님, 왕이신 하나님, 전쟁에 능하신 하나님, "여호와께 능치 못할 일이 있겠느냐?"라고 말씀하신 하나님께 집중하겠습니다.

예수님께서는 "나를 본 자는 아버지를 보았다"고 하셨습니다. 예수님은 이 세상에서 아버지를 보여주셨습니다. 모든 기적과 말씀들이 하나님을 세상에 보여주기 위한 것이었습니다. 예수님이 보여주신 하나님은 참으로 모든 일에 능하신 하나님이십니다. 그분의 사랑이 임하면 누구든지 변화되고, 그분의 능력이 임하면 누구든지 치료함을 얻고, 그분의 용서가 임하면 누구든지 용서를 받았습니다. 예수님은 우리의 세세한 잘잘못에 집중하여 고치지 않으셨고, 오직 그분의 온전하심이 우리 안에 나타날 때, 사사로운 것을 포함해서 모든 것이 고쳐졌습니다.

많은 경우 나를 이기는 싸움을 싸우려고 힘씁니다. "어떻게 하면 유혹을 이기고, 죄를 짓지 않는 정결한 삶을 살 수 있을까?" 이것이 영적인 싸움의 전부인 줄로 알고 있는 이들이 있습니다. 오직 성숙한 인격으로 빚어져 가는 것만이 의로운 일인 줄로 아는 이들이 있습니다. 물론 성숙한 인격은 참으로 중요하지만, 우리의 인생 전부를 여기에 쓸 만큼 중요한 것은 아닙니다.

이제는 나를 이기는 싸움을 싸우는데 모든 힘을 쓰지는 마십시오. 하나님께서 주신 더 큰 싸움을 싸우도록 하십시오. 자신에게 집중하면 이 세상에서 감당해야 할 일을 힘쓸 여력이 없습니다. 이제 자신의 모습을 돌아보는 것보다도, 크신 하나님을 묵상하고, 그분이 주신 은혜에 집중하고, 그분의 능하신 팔에 붙들려 사용되기를 힘쓰십시오. 이때 우리의 내면은 그분의 영광으로 충만하게 채워질 것입니다.

'작은 나'를 묵상하는 것보다 '크신 하나님'을 묵상하고, 붙들도록 하십시오. 주의 크신 팔에 붙들릴 때, 우리의 사역뿐만 아니라, 내면도 거룩함을 경험하게 됩니다. 지금까지 믿음의 선배들은 자신을 돌아보는 명상가들이 아니라, 하나님으로 승리하는 병사들이었습니다. 자신의 성숙한 인격을 만들어가는 데 인생의 전부를 쓴 수도자가 아니라, 영적인 전쟁터에서 주님의 이름으로 마귀의 일을 멸하는 승리자들이었습니다.

지식과 믿음

지식은 믿음으로 자라가야 합니다.
지식이 믿음이 될 때 행동이 바뀌게 됩니다.
지식은 믿음을 제공하기 위해 필요한 것입니다.

　　　지식은 믿음으로 자라가야 합니다. 지식이 믿음이 될 때 행동이 바뀌게 됩니다. 지식은 믿음을 제공하기 위해 필요한 것입니다. 우리가 성경에 대해서 더 많이 알수록 믿음이 더욱 자라게 됩니다. 만약 성경에 대해서 많이 알게 되었는데도 믿음이 자라지 않는다면 성경을 읽은 것이 무익할 뿐만 아니라, 더욱 거짓되게 합니다. 설교를 들었는데도 불구하고 믿음이 자라지 않았다면 그 설교는 무익한 것입니다. 설교를 전하는 자도 그렇습니다. 아무리 성경적으로 설교를 했다고 하더라도 믿음을 제공하지 못한다면 그 설교는 바른 설교가 아닙니다. 설교는 하나님을 향한 믿음을 제공하기 위한 것이기 때문입니다. 믿음은 들음에서 나고 들음은 하나님의 말씀으로 말미암는다고 하였는데, 믿음이 생기지 않았다면 하나님의 말씀을 듣지 않았기 때문입니다. 설교자가 하나님의 말씀을 전하지 않았다는 것입니다.

믿음은 행동으로 표현됩니다. 사람들은 아는 대로 행동하지 않고, 믿는 대로 행동합니다. 그러니 그 행동을 보면 믿음을 알 수 있습니다. 그 열매를 통하여 그 나무의 어떠함을 알 수 있습니다. 그 행동을 보면 믿음을 볼 수 있습니다. 일부러 꾸미는 것이 아니라면 그 행동이 곧 믿음입니다. 그러니 믿음은 보이지 않는 것이 아니라, 보이는 것입니다.

인생은 믿음이 만들어 놓은 결과물입니다. 그러므로 인생이 변화되길 원한다면 믿음의 체계가 먼저 변화되어야 합니다. 성공적인 믿음의 체계가 성공적인 인생을 가져오고, 기적을 불러오는 믿음의 체계가 기적을 가져옵니다.

아브라함의 믿음 체계가 아브라함의 세계를 만들었고, 유다의 믿음 체계가 유다의 인생을 만들어냈습니다. 하나님을 향한 믿음을 만들어내는 지식을 취하십시오. 믿음을 만들어내는 설교를 들으십시오. 그리고 믿지 못하는 자가 되지 말고, 하나님을 믿는 자가 되십시오.

　믿음은 우리의 모든 행동을 결정합니다. 언어를 선택하고, 돈을 투자하고, 사람을 받아들이거나 거절하고, 희생하고, 포기하는 등 모든 문제에 믿음이 결정권을 행사합니다. 삶의 모든 결정에 최고의 영향을 미치는 믿음이 좋다면 좋은 결정을 하게 되고, 그 믿음이 부정적이라면 부정적인 결정을 내리게 됩니다. 그러므로 주님께서도 "네 믿은대로 될지어다(마8:13)"라고 말씀하신 것입니다. 믿음을 키우는 지식을 갖도록 하십시오. 그리고 그 아름답고 훌륭한 믿음이 가져오는 아름답고 훌륭한 인생을 누리십시오.

만남

성경을 쓴 저자이신 하나님을 만나지 못하면
성경의 참 뜻을 알 수 없을 뿐만 아니라,
삶의 변화를 경험하기가 매우 어렵습니다.
성경을 통하여 그 말씀을 하신 하나님의 마음을 만나고,
그분의 의지와 사랑을 만나면서,
성경을 통하여 하나님을 인격으로 만날 때,
우리는 말씀이 영이라는 사실을 발견하게 됩니다.

    책을 읽을 때 우리는 정보를 접합니다. 그러나 더 나아가 저자를 만날 수 있어야 합니다. 저자의 마음과 의도를 만날 때 비로소 책을 바르게 읽은 것입니다. 단순히 정보만 얻는다면 자신을 강화시키는 정보는 얻을 수 있으나, 자신의 변화를 경험하기란 매우 어렵습니다.

    성경을 읽는 것도 마찬가지입니다. 성경을 통하여 우리는 그

안에 담긴 많은 정보와 지식을 얻을 수 있습니다. 그러나 그 성경을 쓴 저자이신 하나님을 만나지 못하면 성경의 참 뜻을 알 수 없을 뿐만 아니라, 삶의 변화를 경험하기가 매우 어렵습니다. 성경을 통하여 그 말씀을 하신 하나님의 마음을 만나고, 그분의 의지와 사랑을 만나면서, 성경을 통하여 하나님을 인격으로 만날 때, 우리는 말씀이 영이라는 사실을 발견하게 됩니다.

사람을 만나는 것도 마찬가지입니다. 우리가 대화를 한다고 해서 만난 것이 아니며, 피부를 접촉한다고 해서 만난 것이 아닙니다. 사람을 인격으로 만날 때, 참 만남이 이루어집니다. 그가 한 이야기가 아니라, 그의 마음과 감정을 느끼게 됩니다.

기도에 대한 책 20여권만 읽으면 기도에 대한 대부분의 정보는 얻습니다. 저는 기도에 대한 20여권의 책을 읽은 후에도 여전히 기도에 대한 책을 읽습니다. 정보를 얻으려고 한다면 읽을 필요가 없습니다. 그러나 그 책을 통하여 저자의 기도에 대한 열정과 웅변을 만나고 싶기 때문에 계속 기도에 대한 책을 읽습니다.

하나님은 인격이십니다. 배워야 할 분이 아니라, 만나야 할 분입니다. 예배도, 기도도 인격을 만나는 장(場)입니다. 만남이 있는 기도와 예배는 교통이 있습니다. 만남이 없는 접촉은 교통이 없습니다. 주고 받음의 교통은 만남을 통하여 이루어집니다. 하나님은 우리와 만나기를 원하십니다. 이제 예배와 설교와 기도를 통하여 하나님을 만나도록 하십시오. 하나님의 마음과 의지와 느낌을 만나도록 하십시오. 글 너머에 있고, 예배와 기도 너머에 있는 하나님을 만나십시오.

목적과 행복

목적이 행복을 결정합니다.
인생이 흥미가 없는 것은 흥미로운 목적을
가지고 있지 않기 때문입니다.
학생은 공부하는 목적을 한번 바꾸어 보고,
사업하는 분들은 사업하는 목적을 한번 바꾸어 보십시오.

인생의 목적을 어디에 두느냐에 따라서 무미건조한 이야기가 흥미로운 사건이 되기도 하고, 흥분되었던 사건이 무미건조한 것이 되기도 합니다. 산에는 우리가 볼 수 있는 많은 종류의 나무들이 있는 것처럼, 인생에는 우리가 바라보아야 할 많은 목적들이 있습니다. 혹 인생의 즐거움을 상실한 분이 있다면 흥미를 찾으려는 시도를 잠시 내려놓고, 삶의 목적을 바꾸면 이전에는 발견하지 못하고 흘려보내버린 즐거움이 다시 찾아오게 됩니다.

교회 연합으로 축구시합이 있었습니다. 몸이 좋지 않아 운동장에서 뛰지 못하고, 열심히 응원하였습니다. 우리 교회가 경기에서 졌습니다. 그러나 그렇게 기분이 나쁘지 않았습니다. 그동안 교회에 열심을 내지 않던 분들이 함께 어울릴 수 있으니 그것만 가지고도 감사할 일이었습니다. 뿐만 아니라 선수로 뛰었던 집사님들도 경기에 지고서 웃으면서 들어오니 한편 마음도 가벼웠습니다. 아마 우승 가능성이 없어서 그런지는 모르지만 우리 교회 선수들은 승리보다 화평을 더욱 귀하게 여기는 것 같아서 좋습니다. 벌써 목적이 다른 곳에 있으니 상대방은 승리해서 좋고, 우리 팀은 선수들 간에 화평해서 좋고, 양쪽 팀 모두 웃을 수 있는 경기였습니다.

같은 축구를 하면서도 어떤 팀은 화합과 우의를 위해서 경기를 하고, 어떤 팀은 승리를 하기 위해서 경기를 하기도 하고, 어떤 팀은 자신을 과시하기 위해서 경기를 하기도 합니다. 동료가 실수를 하더라도 경기의 목적을 승리에 두지 않은 팀은 즐거워합니다. 경기의 승리에 목적을 둔 팀은 동료의 실수로 인하여 경기에 패배할까봐 질책합니다. 목적은 누리는 기쁨을 결정합니다. 목적이 바뀌면 기쁨이 바뀝니다.

목적이 행복을 결정합니다. 인생이 흥미가 없는 것은 흥미로운 목적을 가지고 있지 않기 때문입니다. 학생은 공부하는 목적을 한

번 바꾸어 보고, 사업하는 분들은 사업하는 목적을 한번 바꾸어 보십시오. 성적이 오르지 않아도 즐거울 수 있는 목적을 찾아보시고, 사업이 크게 번성하지 않아도 기뻐할 수 있는 목적을 다시 한 번 찾아보십시오.

하나님께서는 소수의 몇 사람만을 위해서 이 세상을 경영하시지 않습니다. 모두가 기뻐하고 노래할 수 있는 세상을 경영하십니다. 그러므로 세상에는 모두가 즐거워할 수 있는 길이 있습니다. 다른 사람을 응원하는 것도 선수로 뛰는 것만큼 즐겁고, 다른 사람을 승리하도록 만드는 것도 이기는 것만큼 즐겁고, 다른 사람을 칭찬하는 것도 칭찬 받는 것만큼 즐거운 일입니다.

"주님! 세상 만사가 기쁨과 은혜로 가득합니다."

되는 인생

'그냥 되어지는 인생!'
힘으로 하는 것도 아니고,
능력으로 하는 것도 아니고,
그냥 그분의 영이 우리 안에 오심으로
새로운 존재가 되어서
그냥 '되어지는' 삶을 살게 된 것입니다.
자! 이제 그냥 웃습니다.

　예수님을 만난 후에 이유를 잃었습니다. 왜 웃는지 모릅니다. 왜 감사하는 지도 모르고, 왜 찬송하는 지도 모릅니다. 그냥 웃음이 나오고, 그냥 감사가 되고, 그냥 찬양이 나옵니다. 누군가 "당신은 왜 그렇게 웃습니까?"라고 묻는다면 저는 이렇게 대답합니다. "잘 모릅니다. 그냥 좋아요!"

　"당신은 왜 김치를 좋아하세요." 잘 모릅니다. 그러나 김치가 맛있습니다. 그래서 그냥 김치를 먹습니다. 제 취향이 그래서 그냥 좋아하는 것입니다.

종종 믿음을 설명하려고 하는 경우 좌절을 경험합니다. 왜 하나님이 계시다고 생각하는지, 왜 당신은 천국에 갈 것이라고 생각하는지 묻는 사람이 있지만, 조금 설명하려고 하다가 포기합니다. 이것은 설명할 것들이 아니기 때문입니다. 그러나 제가 설명할 수 없어도 하나님이 믿어지고, 구원 받은 기쁨은 여전히 제 안에 있습니다. 무슨 이유인지 모릅니다. 그냥 제가 바뀐 것밖에는 설명할 길이 없습니다.

신앙을 누군가에게 설명하려고 하지 마십시오. 그냥 당신이 변화되었다고 말하십시오. 당신도 이해할 수 없는 변화가 주님을 만나고 나서 일어났다고 이야기하십시오. 그냥 주님을 믿고 난 후에 체질이 바뀌고, 취향이 바뀌고, 감정이 바뀌었다고 이야기하십시오. 우리는 설명할 수 없지만, 지금 그 나라와 능력과 은혜를 누리고 있지 않습니까?

한국 사람은 한국어가 됩니다. 그러나 외국 사람은 한국어를 배워야 합니다. 내 나라의 언어이기 때문에 그냥 되는 것입니다. 한국인이 아니면 한국어를 배워야 하고, 흉내를 내야 하고, 무엇인가 노력을 해야 한국어 비슷한 것이 나옵니다. 하지 않으면 할 수 없습니다.

'그냥 되어지는 인생!' 힘으로 하는 것도 아니고, 능력으로 하는 것도 아니고, 그냥 그분의 영이 우리 안에 오심으로 새로운 존재가 되어서 그냥 '되어지는' 삶을 살게 된 것입니다.

자! 이제 그냥 웃습니다. 이유를 설명하려 하지 않고 그냥 웃습니다.

자! 이제 그냥 감사합니다. 이유를 잘 모르지만, 그냥 감사가 됩니다.

당신을 무대 앞으로 초청합니다

스스로 소수(Minority)가 되지 마십시오.
무대 앞으로 나아오십시오!
대화의 가운데로 오십시오. 당신의 말을 듣고 싶습니다.
집회의 가운데로 오십시오. 당신을 축복하고 싶습니다.

교회에 쉽게 적응하지 않은 분들을 향하여 교회와 성도의 마음을 알리고 싶습니다. 교회와 성도는 당신을 축복하기 원하고, 당신과 더 깊은 영적이고 사랑이 풍성한 교제를 나누고 싶어 합니다. 교회와 성도들을 경계하지 마십시오. 세상에서는 당신을 밟고 올라서기 위해서 당신을 소외시키고, 좌절시키려는 사람이 있습니다. 그러나 교회는 당신을 경쟁상대로 여기지 않습니다. 당신을 사랑하고 교제해야 할 상대로 여깁니다.

　　교회에 찬양집회가 있을 때 적극 참여하십시오. 교회는 당신의 노래실력을 보고 싶은 것이 아니라, 당신과 함께 찬양하고 싶어 한다는 사실을 잊지 마십시오. 교회에서 집회나 모임이 있을 때에 참여하지 않는 분들이 있습니다. 그 모임이 있은 후에 그 모임에서 받은 감동과 은혜를 나눕니다. 참석하지 못한 분들은 너무나 자연스럽게 그 대화에서 소외감을 느끼게 됩니다. 이러한 일이 있을 때, 교회가 당신을 소외시키기 위해서 그러한 대화를 하고 있는 것이 아니라는 사실을 기억하십시오. 당신을 그 은혜의 자리로 인도하고 싶어서 당신이 듣고 있는 자리에서 그 이야기를 나누고 있는 것입니다. 또한 당신이 그 모임에 참여하지 않았기 때문에 당신이 느끼는 감정일 뿐이지, 교회가 그것을 당신에게 의도하고 있지 않다는 것을 기억하십시오. 교회는 당신을 품고 사랑하고자 하는 마음을 가지고 있습니다.

　　교회는 당신이 나오기를 기다리고, 환영하고, 교제하고, 섬기기를 원합니다. 그러나 당신이 무대 뒤편으로 숨어버리면 교회에서도 당신을 위해서 해줄 수 있는 일이 없습니다. 스스로를 소외시키지 마십시오. 당신을 소외시키려고 하는 사람이나 당신을 무시하는 사람은 없습니다. 당신이 혹 소외감을 느끼고 있다면 지금 생각해 보십시오. 당신이 무대 뒤편으로 물러나 스스로 느끼는 소외감이라면 지금 무대 앞으로 나오시면 됩니다. 당신과 교제하고 싶은 많은 성도들이 당신이 나아오기를 기다리고 있습니다. 이들은 당신의 이름을 부르며 기도하고 싶어 하고, 당신을 축복하고 싶어 하고, 당신과 사랑의 교제를 나누기 원하고 있습니다. 무대 뒤편으로 숨지 마십시오. 교회는 당신과 더불어 사랑과 은혜를 나누기 원합니다.

스스로 소수(Minority)가 되지 마십시오. 무대 앞으로 나아오십시오!

대화의 가운데로 오십시오. 당신의 말을 듣고 싶습니다.

집회의 가운데로 오십시오. 당신을 축복하고 싶습니다.

신앙생활 실패를 위한 권면

1. 불평과 원망을 마음에 두지 말고 크게 말하십시오. 좋은 것을 이야기하면 당신은 은혜라는 것을 받게 되니, 꼭 불평할 일만 이야기하십시오. 그러면 감사하게도 계속 불평스러운 일이 당신에게 일어날 것입니다.

2. 다른 사람들과 사귀면 귀찮아지므로, 다른 사람들과 교제하지 마십시오.

3. 당신은 믿음에 대해서 모르지만, 다른 믿음의 권면들을 듣지 마십시오. 믿음이 좋은 사람들의 말을 듣고 따라하다 보면 당신은 구원을 받는 어려움에 처하게 됩니다.

4. 혹 자신을 고치려고 하지 마십시오. 교회와 당신이 맞지 않

거나, 교인들과 맞지 않거든 교회와 교인들을 뜯어고치도록 하십시오. 사람들에게 당신은 절대로 변하지 않는 사람임을 보여주십시오.

5. 설교를 들을 때 절대 고개를 끄덕이거나, 울거나, 동의하는 '아멘!'을 하지 마십시오. 목사가 당신이 믿음이 좋은 줄로 착각합니다. 웃지도 말고, 눈도 맞추지 말고 들으십시오. 목사는 당신을 아주 부담스러워 가까이 하지 않을 것이니, 얼마나 자유롭겠습니까?

6. 소그룹 모임에 참여하면 교회 생활이 즐거워져 결국 당신은 교회에 빠지게 됩니다. 바쁘다거나, 부담스럽다고 말하고 빠지도록 하십시오.

7. 기도하는 자리에 가면 당신은 은혜를 받게 됩니다. 하나님 만나면 당신의 삶이 피곤해지기 시작합니다. 기도의 자리를 피하십시오.

8. 자신의 약점이나 아픔을 보이지 마십시오. 교인들이 당신을 도우려고 하거나, 당신과 사귀려고 할 것입니다. 그러면 당신의 그 보잘 것 없는 자존심을 더 이상 지킬 수 없게 됩니다.

9. 다른 사람에게 당신이 그리스도인이라는 사실을 말하지 마십시오. 그때부터 당신은 하고 싶은 말도 제대로 하지 못하고 손해만 봐야 합니다.

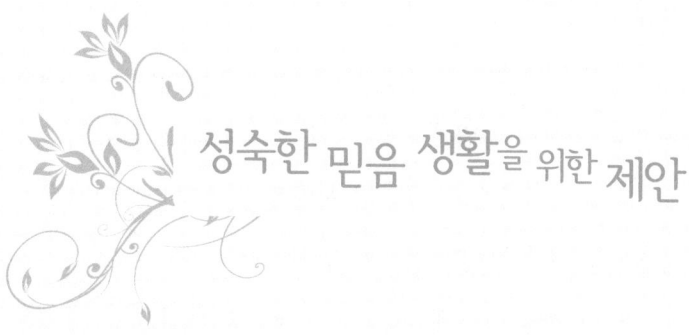

성숙한 믿음 생활을 위한 제안

1. 보고 믿음을 가지려 하지 마시고, 믿음을 가지고 보려고 하십시오. 보이지 않던 많은 것들을 볼 수 있게 됩니다.

2. 믿음의 사람들과 교제하십시오. 믿음은 배우는 것이 아니라, 흘러오는 것입니다.

3. 감사는 크게 하고 불평은 작게 표현하십시오. 당신이 얼마나 행복한지 넓게 알게 될 것입니다.

4. 하나님에 대한 믿음을 키우도록 하십시오. 그 믿음은 당신의 삶을 지탱하는 힘이 되고, 기쁨의 에너지를 끊임없이 제공할 것입니다.

5. 앞자리에 앉도록 하십시오. 주님을 직접 대면하는 지혜를

갖게 될 것입니다.

　6. 다른 사람을 섬기는 일에 적극 참여하십시오. 자신을 비우는 일이 얼마나 가볍고 기쁜 일인지 알게 될 것입니다.

　7. 교회에서 일곱 사람과 친밀한 관계를 만드십시오. 동행하는 사람이 좋아야 여행이 즐거운 법입니다.

　8. 교회의 행사에 적극 참여하도록 하십시오. 새로운 기쁨이 당신을 기다리고 있을 것입니다.

　9. 믿음의 본이 되는 분들과 가까이 하십시오. 그분들은 귀로 들었던 이야기를 눈으로 볼 수 있게 하는 분들이며, 당신의 길이 되는 분들입니다.

　10. 믿음의 경험이나 은혜를 다른 사람들에게 고백하십시오. 당신의 삶은 당신이 감사하다고 고백하는 대로 되어갑니다.

　11. 교회에 부족한 부분이 보이거든, 당신이 곧 그 부분을 채우도록 하십시오. 다른 사람을 위해 사는 사람은, 자신의 문제로 잘 넘어지지 않습니다.

　12. 누군가의 허물이 보이거든, 불평하는 대신에, 그를 위해서 기도하십시오. 그때 그를 향한 사랑과 이해가 증가될 것입니다.

경건한 교제

경건한 교제는 대화의 주제에 대한 것이 아니라,
대화의 자세에 대한 것입니다.
서로를 존중하고 사랑하는 마음을 행하는
모든 일이 경건입니다.
경건은 모양이 아니라,
마음과 자세입니다.

어떻게 하면 경건한 대화와 믿음의 교제를 할 수 있을까요? 아니 진정한 믿음의 교제는 무엇일까요? 언제나 묵상한 성경말씀을 나누면서, 천국의 삶에 대해서 이야기하고, 신학적인 토론이 있는 것이 믿음의 교제일까요? 성도들이 모여서 자녀의 교육문제나 가정문제나 또는 경제적인 문제를 가지고 시시콜콜한 대화를 하는 것에 대해서 혐오스럽게 생각하시는 경건주의자들이 있습니다. 그렇다면 그분들이 생각하는 경건한 대화는 무엇일까요? "어떻게 하면 인생을 바르게 살 수 있을까요?" "어떻게 하면 주님께 더욱 헌신할 수 있을까요?" 이런 종류의 대화만 경건한 것일까요?

믿음의 교제는 딱딱한 철학 공부를 함께 하는 것이 아닙니다. 경건한 대화는 예수 그리스도에 '대해서' 이야기하는 것이 아니라, '예수 그리스도로' 이야기하는 것입니다. 사랑에 대해서 이야기하는 것이 아니라, 사랑으로 이야기하는 것입니다.

목회 초창기에 경건한 교제에 대한 오해로 성도들을 용납하지 못하는 어리석은 마음을 가졌던 적이 있습니다. 성도들이 예배 후에 식사를 하면서 나누는 대화가 경건하지 않다고 생각했습니다. 성도들은 믿음이나 예수 그리스도가 주제가 아니라, 자녀 문제나 부동산이나 경제나 정치 등을 주제로 교제를 나누었습니다. 무엇에 대해서 이야기하는 것보다 더욱 중요한 것은 무엇으로 대화를 나누느냐가 더욱 중요하다는 것을 깨닫게 되는 데는 많은 시간이 걸렸습니다.

우리는 소위 세속적이라고 하는 주제를 가지고도 경건한 대화를 나눌 수 있습니다. 예컨대 가족들과의 대화를 생각해보십시오. 우리는 아이들과 모든 주제에 대해서 다 이야기를 나눕니다. 이런저런 대화의 주제로 교제를 하면서도 우리는 사랑을 나눕니다. 가족의 친밀함을 맛봅니다. 경건한 교제는 대화의 주제에 대한 것이 아니라, 대화의 자세에 대한 것입니다. 서로를 존중하고 사랑하는 마음을 행하는 모든 일이 경건입니다. 경건은 모양이 아니라, 마음과 자세입니다.

    이제 경건한 교제를 나누도록 하십시오. 부동산에 대해서도, 쇼핑에 대해서도, 교육에 대해서도... 모두 경건한 대화가 되도록 사랑으로 서로를 대하십시오. 경건을 이야기하는 사람이 아니라, 경건한 사람이 되십시오.

인생 정원

당신은 당신 인생 정원의 정원사입니다.
책임자이며, 새롭게 할 수 있는 당신 인생의 조물주입니다.
당신의 인생 정원을 이제 가꾸도록 하십시오.

하나님께 아름다운 정원을 물려받았습니다. 아담에게 주셨던 것과 똑같은 정원입니다. 아름답게 관리하고, 아름답게 이름 짓도록 주셨습니다. 그 정원에는 아내도, 딸도, 아들도 있습니다. 교우들도, 친구들도, 그리고 동료들도 있습니다. 그 아름다운 정원에 아내를 잘 단장하여 가장 잘 보이는 곳에 심어놓고 사랑하고 있습니다. 아이들도 아름답게 장식하여 자리를 잘 잡아 심어 놓았습니다. 이렇게 정원을 가꾸어 갑니다. 제 마음대로 꾸밀 수 있습니다. 원하는 곳으로 옮겨 심을 수도 있습니다. 더 심어 놓을 수도 있고, 꺾어버릴 수도 있고, 뽑아서 버릴 수도 있습니다.

아내도 저와 똑같이 아름다운 정원을 하나님께 받았습니다. 그녀도 역시 자기가 원하는 대로 장식하기도 하고, 옮겨심기도 합니다. 자신이 보기에 좋은 대로 꾸밀 수 있습니다. 자기가 원하는 대로 남편을 꾸미고 살아갑니다. 아름답게 꾸며서 가장 잘 보이는 곳에 둘 수도 있지만, 그냥 귀찮아 내팽개치듯 정원 한 귀퉁이에 던져 버릴 수도 있고, 아무 관심도 주지 않을 수도 있는 자신만의 정원을 가지고 있습니다.

우리 모두는 아담과 같은 정원을 각자 하나씩 하나님께 받았습니다. 자기가 원하는 대로 꾸밀 수 있습니다. 우리는 하나님께 받은 정원의 정원사입니다. 아담에게 에덴동산의 생물에게 이름을 주도록 하셨고, 그대로 되었습니다. 우리에게 정원을 주시고, 우리로 하여금 이름을 짓도록 하셨고, 그 이름대로 꾸미도록 하셨습니다.

우리는 정원사입니다. 정원의 귀퉁이에 버려진 한 그루의 나무가 아니라, 그 정원 전부를 새롭게 할 수 있는 정원사입니다. 자기의 정원에 있는 모든 것을 새롭게 할 수 있습니다. 남편을 존귀하게도 만들 수 있고, 비천하게도 만들 수 있습니다. 아내를 잘 단장하여 매일 기뻐할 수도 있고, 아무런 관심도 주지 않고 내팽개치듯 버려둘 수도 있습니다. 정원을 아름답게 꾸미는 것도 나의 몫이요, 정원을 황폐하게 만드는 것도 나의 몫입니다.

그러므로 당신의 정원이 아름답지 않다거나, 당신의 인생 정원이 힘들기만 하다고 누구에게 말하지 마십시오. 당신의 정원을 누가 아름답게 꾸밀 수 있겠습니까? 당신의 인생 정원은 오직 당신만이 이름 짓고, 꾸밀 수 있습니다. 아담에게 에덴을 관리하도록 하신 것처럼, 하나님께서는 당신의 정원을 다른 사람이 아니라 '당신'에게 맡기셨습니다.

당신의 정원은 당신이 꾸밀 수 있습니다. 누가 당신 인생을 망칠 수 있겠습니까? 당신이 아름다운 곳에 옮겨 심어놓은 나무를 누가 뽑아 옮길 수 있겠습니까? 아무도 당신의 정원을 빼앗을 수 없습니다. 당신이 인생의 주인이 아닌 것처럼 살지 마십시오. 당신은 당신 인생 정원의 정원사입니다. 책임자이며, 새롭게 할 수 있는 당신 인생의 조물주입니다.

당신의 인생 정원을 이제 가꾸도록 하십시오. 버려두었던 배우자 나무를 단장하고, 집도 단장하고, 사람들의 얼굴도 아름답게 꾸며 주십시오. 그리고 그 나무들을 통하여 심히 기뻐하십시오. 당신만이 볼 수 있는 새 하늘과 새 땅이 있으니, 당신의 인생은 하나님께 받은 에덴동산입니다.

갈비뼈에서 하와가 나오다

> 좋은 나무마다 아름다운 열매를 맺고
> 못된 나무가 나쁜 열매를 맺나니
> 좋은 나무가 나쁜 열매를 맺을 수 없고
> 못된 나무가 아름다운 열매를 맺을 수 없느니라
> (마7:17-18)

    이 세상은 하나님의 말씀으로 만들어지고, 어떤 것은 흙으로 빚어졌습니다. 그런데 오직 사람으로 만들어낸 것이 있습니다. 하와입니다. 하와는 말씀도 아니고, 흙도 아니고, 아담에게 속한 것으로 만들었습니다. 그리고 아담은 자신 안에서 나온 하와를 기쁨으로 맞이하면서 "이는 내 뼈 중의 뼈요 살 중의 살이라." 고백합니다.

    아담 안에서 하와가 나왔습니다. 아담처럼 흙으로 하와를 빚으시지 않고, 아담 안에서 하와가 될 갈비뼈를 취하여 하와를 만드셨습니다. 아담이 '존재로서 나'라고 한다면, 하와는 '살아가는 나'라고 할 수 있습니다. 내가 살아가며 누릴 세상이 곧 하와요, 그 세상은 내 안에서 나오는 것입니다. 내가 즐거워하고 기뻐할 하와는 내 안에서 나옵니다. 내 안에 하와를 만들어 낼 갈비뼈가 없으면 내가 즐거워할 하와는 나오지 않습니다.

이 갈비뼈는 믿음입니다. 믿음의 갈비뼈가 없으면 믿음의 실제인 하와는 나오지 않습니다. 내 것은 내 안에서 나옵니다. 하와는 내 안에 있는 것이 나온 것입니다. 하와를 품고 있으니, 때가 되자 하와가 눈앞에 나오는데, "저는 내 뼈 중의 뼈요, 살 중의 살이로다."

하나님께서는 내가 '믿음으로 받아들인 나'를 '누릴 수 있는 인생'으로 주십니다. 내가 '마음에 그리지 못하는 것'을 내가 가질 수 없습니다. 내가 믿음으로 보고 만질 수 있는 것만을 우리는 가질 수 있습니다. 우리는 믿음으로 갈비뼈를 만들어내고, 하나님은 그 갈비뼈를 취하여 하와를 만들어 내십니다.

천국도 그렇습니다. 천국은 내 마음에 있으며, 또한 밖에 있습니다. 내 마음에 있지도 않은 천국은 결코 밖에서도 만나지 못합니다. 내 안에 믿음이 있어야, 밖에서 그 믿음의 실상을 만나게 됩니다. 내가 살아가는 세상, 내가 만나게 될 하와는 내 안에서 나옵니다. 내 마음이 복되면 복된 세상을 만나고, 내 믿음이 형통할 믿음이라면 형통한 세상을 만나게 됩니다.

갈비뼈를 바꾸기 전에는 하와가 바뀌지 않습니다. 믿음이 바뀌기 전에는 나의 세상은 바뀌지 않습니다. 나는 '믿음으로 받아들이는 나'만을 살아갑니다. 내가 믿지 않는 세상은 '있으나 없습니다.'

하와는 아담의 뼈에서 나옵니다. 나의 기쁨으로 받는 세상은 다른 데에서 온 것이 아니라, '내 안'에서 나온 것입니다. 좋지 않은 것이 내 안에 있으면, 결코 좋은 것이 나올 수 없습니다. 내 안에 좋은 것이 있는데, 좋지 않은 것이 나올 수 없습니다. 예수님도 "좋은 나무마다 아름다운 열매를 맺고 못된 나무가 나쁜 열매를 맺나니 좋은 나무가 나쁜 열매를 맺을 수 없고 못된 나무가 아름다운 열매를 맺을 수 없느니라(마7:17-18)"고 하셨습니다.

인생을 바꾸려면 갈비뼈를 바꾸어야 합니다. 갈비뼈가 좋아야 아름다운 하와가 나옵니다. '살아가는 나'는 '안에 있는 나'의 나타남입니다.